2019 Krumeich, Manfred Walter
Herstellung und Verlag: BoD – Books on Demand,
Norderstedt
ISBN 9783479469055

Manfred W. Krumeich

"MOZARTS MUSIK"
Mein Lebenselixier
Mythos – **TRAZOM** - Magie
Zaubertöne – "Süße Kugeln & Co" - Glaube

„Es bleibt ein- für allemal wahr:
da wo die menschliche Sprache aufhört,
fängt die Musik an."

Richard Wagner

für **Christel**

zur

"Diamantenen Hochzeit"

am 30. Oktober 2019

Manfred W. Krumeich

MOZARTS MUSIK
"Mein Lebenselixier"
Mythos - Trazom - Magie
Zaubertöne
"Süße Kugeln & Co" - Glaube

Wenings 2019

„Im Zaubergarten der Musik"

"Zwischen Himmel und Erde"

MOZARTS MUSIK
"Mein Lebenselixier"
Mythos – TRAZOM – Magie
Zaubertöne – "Süße Kugeln & Co" - Glaube

6

PROLOGUS
Adagietto poetica

" ... und kann nichts als ein wenig Clavierklempnern"
Mozart an seinen Vater, 1778

Schon wieder ein Buch über Mozart, wird so mancher denken. Gibt es nicht schon genug Bücher, Schriften und ganze Band-Folgen über diesen Komponisten, über den unbestrittenen 'King of Rokoko'?

Kann man überhaupt noch etwas Neues in der Vita dieses Mannes entdecken? Ist nicht schon alles gesagt, erzählt, erfunden und erdacht worden? Was stimmt? - Was ist wahr?

Reicht denn nicht das erwiesene – zugegebener Maßen - lückenhafte Wissen über den Menschen und Musiker Mozart aus, um sich dieses schillernde Genie vorstellen zu können? Schwirren seine Zaubertöne um uns herum, sehen und erleben wir oft traumhaft einen nur aus Musik bestehenden Menschen, aber auch den Mann, der gerne bösartig die Musik seiner Konkurrenten verhöhnte und viele Kollegen verlachte.

Erleben wir dann in seinen Opern die scharfgeschnittenen handelnden Figuren, erschüttert uns auf einmal seine offensichtliche Menschenkenntnis, die ihm im realen Leben in wichtigen Augenblicken fehlte.

Für mich persönlich scheinen seine Klavierkonzerte im besonderen Maße Einblicke in sein Leben zu bieten. Vielleicht liegt diese Vorliebe für das Klavier daran, dass mein Vater, der ein sehr guter Pianist war, viele Sonaten und den langsamen Satz des einen oder anderen Klavierkonzertes interpretierte, um meine Mutter während der Schwangerschaft mit mir zu unterhalten. Drei Klavierkonzerte gehören nicht zufällig zu meinen Lieblingsstücken, die Konzerte KV 466 (1785), KV 488 (1786) und KV 595 (1791). Sicher ist es so, dass später, in der Romantik, die Persönlichkeit des Komponisten (z.B. Schubert) eine gewichtige Rolle in den Kompositionen spielt. Für mich aber ist gerade bei Mozart – entgegen der Behauptung vieler Experten und der landläufigen Meinung – in den genannten Konzerten 'Wolfgang Amadé' zu erleben.

"Hélène Grimaud hält beispielsweise das Adagio des A-Dur-Konzertes KV 488 für den vielleicht persönlichsten und deshalb schönsten Satz, den Mozart je für Klavier geschrieben hat, und meint: "Selbst wenn wir nur diesen Satz von ihm hätten, wäre das genug." Mozart neigte dazu, das wissen wir alle, seine Gefühle hinter einer Maske zu verbergen, aber in diesem Satz, so ist sie überzeugt, hat er sich nicht versteckt."[1] Noch deutlicher vermittelt der zweite Satz des Klavierkonzertes KV 466, **Romanze,** diesen Eindruck. Dieser zweite Satz, der so ruhig und abgeklärt beginnt, lässt uns auf Frieden und innere Ruhe hoffen. Doch diese Hoffnung wird jäh durch die Dramatik und den unruhigen Kontrast zerstört, den die Bläser – unterstützt von den Streichern – in chaotischen Klangfarben entfachen. Und schon sieht man Mozart durch den Raum hüpfen, springen, Purzelbaum schlagen, miauend den Raum verlassen.[2]

Schließlich führt uns die Musik zur Anfangsruhe zurück und klingt friedlich in B-Dur aus.

Das anschließende wild aufrührende Rondo aber erinnert uns dann wieder an eine andere, dunklere Seite des Komponisten.

Ich habe die Aufnahme des d-moll-Konzertes mit vielen Interpreten, favorisiere aber die CD mit Clara Haskil und den Wiener Symphonikern unter Bernhard Paumgartner von 1955.

Anfang 1791 schreibt Mozart das Konzert in B-Dur (KV 595), das mich in seiner Abgeklärtheit und der schlichten Musikalität immer wieder seltsam berührt und nachdenklich

---

1 Aus masken und magie, Beiheft zu "first-ever mozart - album"
2 Caroline Pichler erzählte die Geschichte, als sie am Klavier das "Non miu andrai" aus Figaros Hochzeit spielte und Mozart sich zu ihr setzte. Anton Neumayr: MUSIK&MEDIZIN, S86

macht. Ich will nicht gleich, wie so manch anderer, von einer Abschiedsahnung sprechen. Denn vorläufig gibt es keine eindeutigen Hinweise auf Todesahnungen bei ihm, es sei denn, wir nehmen seine angeblichen Äußerungen, 'er sei vergiftet' worden, als Beweis ernst.[3] Aber diese – für Mozart recht schlichte Komposition, ohne Trompeten, ohne Pauken, ohne seine geliebten Klarinetten – lässt uns Heutige den Abschied ahnen.

Das Finale mit dem populären Thema "Komm lieber Mai und mache ..."[4] vermittelt Diesseitigkeit und beendet Mozarts Klavierkonzertschaffen ohne alle Probleme.

In der gesamten Mozart-Literatur tauchen immer wieder Aussagen oder Berichte von Augen- und Ohrenzeugen auf, die bestätigen, dass Mozart unglaublich virtuos, melodienreich und packend auf dem Klavier (auch auf der Orgel) phantasieren konnte und alle Zuhörer in den Bann seiner Zaubertöne zog.

Eine schöne Geschichte erzählt Dorothea Leonhart.[5]

"Es gibt die Schilderung einer Garten-Idylle aus diesem Sommer, als ausländische Anbeter Mozart in der Alservorstadt zu einem Privat-Konzert besuchen

'Dort erlebte ich die glücklichste Stunde Musik, die mir je beschieden war. Dieser kleine Mann und große Meister *phantasierte* zweimal auf einem *Pedal-Flügel* so wundervoll. So wundervoll!! dass ich nicht wusste, wo ich war. Die schwierigsten Passagen und die lieblichsten *Themen* ineinander verwoben ... '

Da bin ich sicherlich nicht der Einzige, der bedauert, dass man damals dieses – oft eine Stunde und länger dauernde – Phantasieren Mozarts nicht aufnehmen konnte.

---

3 "Quecksilber" wurde meines Wissens als Mittel gegen die Syphilis eingesetzt. Verschiedentlich wird angenommen, dass Mozart eine Selbstmedikation praktizierte. (Neumayr)
4 Später von Mozart im Lied KV 596 noch einmal verwendet
5 Dorothea .Leonhart "Mozart", Seite 75

Welche Schätze sind uns da verloren gegangen!

Ich glaube, es war Wolfgang Hildesheimer, der einmal sinngemäß sagte: "Ich gäbe ein Jahr meines Lebens, wenn ich W.A.Mozart einmal eine Stunde lang live auf dem Klavier phantasieren hören könnte."

Dieses Buch wird ganz **"mein Buch"** sein. Meine persönlichen Gedanken und Gefühle zeigen sich offen – unbeeindruckt von Meinungen, geleitet und gelenkt von dieser umfassenden, überfließenden, weltumspannenden und ewigen Musik! "Über diese Musik aber, die in der Flut der Publikationen, fast überraschender Weise, kaum mehr als nur Inseln bildet, ist beileibe noch nicht alles gesagt."[6]

"Es ist schon alles gesagt, nur noch nicht von allen.", sagte Karl Valentin[7] - **was also soll's?**

Warum hat man keine Musik Mozarts ins Weltall geschossen? Gibt es außerirdisches Leben in irgendeiner intellektuellen Form, in einer Spezies in den unermesslichen Weiten des Alls? Sehen diese, was bei uns auf dem Planet Erde an Turbulenzen, an Chaos, an Unmenschlichkeiten von unbelehrbaren Egomanen angerichtet wird?
Sie schütteln ungläubig ihre Häupter wenn sie Beethovens Klänge und Schillers Text hören: "Freude schöner Götterfunken (...) alle Menschen werden Brüder (...) usw" und können es nicht glauben!
Mozarts c-moll-Messe, KV 427 aber würde sie überzeugen – auch oder gerade wegen ihrer Unvollständigkeit! Dann wäre es bezeichnend, dass der letzte Satz des fehlenden "Agnus Dei" dadurch nicht existiert:

"dona nobis pacem" – "gib uns den Frieden"

---

6   MOZART HANDBUCH, Silke Leopold, S XIII - Vorwort
7   **Valentins akustisches Gesamtwerk – Gesamtausgabe Ton, 2 MP3-CD's**

Kapitel 1

PRÄLUDIUM
Allegro vivace assai
Turbulenzen um einen "Rockstar" des Rokoko

"Potz Himmel Tausend Sakristei, Kroaten schwere Not, Teufel, Hexen, Druden, Kreuz, Bataillon und kein End! Potz Element, Luft, Wasser, Erd und Feuer, Europa, Asia, Afrika und Amerika, Jesuiten, Augustiner, Benediktiner, Kapuziner, Minoriten, Franziskaner, Dominikaner, Karthäuser und Heilig Kreuz Herren, Kanoniker, reguläre und irreguläre, Bärenhäuter, Spitzbuben, Hundsfötter und Schwänz übereinander, Esel, Büffel, Ochsen, Narren, Dalken, und Fexen! Was ist das für eine Manier?",[8] ---
würde Wolfgang Amadè mit Sicherheit sagen, wenn er erleben müsste, was mit seinem Namen so alles angestellt und unter dem Signum "Mozart" oder "Amadeus" verkauft wird.[9] Verblüfft, vielleicht aber auch ein wenig geschmeichelt, würde er sich fragen 'Was hat denn dieses Produkt mit mir oder mit meinem Namen zu tun! - Ich hab' doch nur Musik gemacht'. *"Ich kann nicht poetisch schreiben, ich bin kein Dichter. Ich kann die Redensarten nicht so künstlich einteilen, daß sie Schatten und Licht geben: ich bin kein Maler. (...) Ich bin kein Tänzer. Ich kann es aber durch Töne, ich bin ein Musikus."[10]*
Dass man heute Plätze, Straßen, Schulen – vielleicht auch Brücken, Cafés oder Hotels nach berühmten Menschen – also auch nach Mozart - benennt, ist ja schon fast normal. Schlendern wir in Salzburg vom Dom über den Alten Markt, durch die Getreidegasse am Geburtshaus Mozarts vorbei bis zur Uferpromenade an der Salzach, verfolgt uns aus allen

---

8   W.A.Mozart 'Das Zauberreich meines Lebens' Heliopolis Verlag
    Tübingen: Dr. Hans Walter Bähr 1951 – aus Abschnitten der "Bäsle Briefe" gebildet
9   Sinngemäß: Volkmar Braunbehrens in einer TV Vorlesung
10 W.A.M. am 8. November 1777 an seinen Vater Leopold

Geschäften und Cafés das bekannte Konterfei Mozarts.

(nach Gemälde von Barbara Krafft, 1815) – Ausschnitt von M.Krumeich)

Bizarr ist aber vor allem, was alles mit dem Namen 'Mozart' in Verbindung gebracht wird: Mozartkugeln, Mozarttaler, Mozarttorte, Mozartschnitte, Mozartblick, Mozartsteg, Mozartplatz, Mozartzopf, Mozarthose, Skiwelt Amadé, ein Donaudampfer namens 'Wolfgang Amadé', Mozartkino usw. Weiter geht es mit Krawatten, T-Shirts, Briefmarken, Bierseidel, Uhren, Kartenspiele, Liköre, Aschenbecher, Duftwässerchen, Schnäpse, ein BH, der bei Öffnen, man lese und staune, „Die Kleine Nachtmusik" anstimmt … das ist nur der Anfang einer 'unendlichen' Liste, die bis hin zum „Senioren-Stift Mozart" reicht.
Was würde wohl Mozart dazu sagen?
Vielleicht -

Canon: "BONA NOX, bist a rechter Ox(chs)!"

Allein die verkauften Mozartkugeln – die Geschäftsidee eines Salzburger Konditors namens Fürst, die nun auch schon 120 Jahre alt ist, schlägt vermutlich die Aufführungen seiner Werke um ein Mehrfaches. Es sind über Hundert-Millionen dieser süßen kleinen Monster, die jährlich unter die Leute kommen.

Fest steht: Mit der 'Marke Mozart' lässt sich, selbst ohne einen einzigen Ton seiner Musik spielen zu müssen, in nahezu allen Bereichen viel Geld verdienen.

Wir leben nun im Jahre 2019, und seit Jahrzehnten bin ich auf der Suche nach dem 'echten, wahren' Wolfgang Gottlieb (Amadè, Amadeo, Amadeus)[11] Mozart und konnte ihn bis heute unter dem dichten Gestrüpp aus Mythen, Mozartkugeln und selbst in seinen Meisterwerken nicht direkt finden oder auch nur erkennen.

Was ist Wahrheit, was ist Legende? Meine sieben Vorträge, die jeweils einen bestimmten Schwerpunkt des Mozartschen Schaffens behandelten, mündeten zuletzt in einer immer wieder überarbeiteten 'Zusammenschau', die das Phänomen Mozart zu beschreiben suchte und an deren Ende ich jedes Mal gestehen musste, dass mir bei aller Anstrengung meinerseits der Mensch Mozart fremd geblieben ist und sich weiterhin hinter seiner Musik versteckt. Es blieben und bleiben mir nur Ahnungen!

---

11 "Amadeus" hat er nie geheißen.
Taufbuch: St. Peter, Salzburg – 28. Januar 1756: **Johannes Chrysostomus Wolfgangus Theophilus.**
Kosenamen: Wolferl (Constanze), Woferl, Wolfgangl, (Vater), Er unterzeichnet auch als Wolfgang de Mozart, Ritter von Hohenthal, von 1770 an nennt er sich Wolfgang Amado, ab 1777 auch Amadé, Wolfgang Amadé Rosenkranz, Edler von Sauschwanz, Trazom, Wolfgangus Mangnus Corpore Parvus, Wolfgang Romatz. Er benutzt Amadeus (drei mal) als Scherzname. Erst die Nachwelt nennt ihn AMADEUS. RONDO 4/06 und FAZ 15.07.2006

Nach allen Recherchen und Studium der wichtigsten Literatur bleibt die Erkenntnis: Wer bei Mozart jenseits vom bisher Bekannten nach dem eigentlichen Wesen sucht, greift ins Leere. Diesen Griff kennt jeder, der sich mit ihm beschäftigt. Man hat ständig das Gefühl, dass er gerade mit wehenden Rockschößen um die Ecke gebogen ist und vor sich hin lacht. Man kommt nicht nach, sein Lebens- Arbeits- und Denktempo war einfach zu groß und stellt uns auch heute immer wieder vor neue Probleme.

Fast regelmäßig tauchen neue Versionen seines Lebenslaufes auf. Seine filmreife Biografie[12] bietet ein unerschöpfliches Reservoir an Legenden, Halbwahrheiten aber auch an gesicherten Erkenntnissen, das beliebig und nach Gutdünken und Ermessen des jeweiligen Biografen genutzt und ausgenutzt wird. Kein anderer Musiker – auch nicht Richard Wagner – musste sich so viele Legenden-Umrankungen gefallen lassen müssen wie Mozart. Bei keinem anderen hat der Tod so sehr die Fantasie freigesetzt und die Gerüchteküche angeheizt. Was sich allein Medizinhistoriker an geradezu fabelhaften Beschreibungen seiner Krankheitssymptome einfallen lassen, ergeben bis heute dickleibige 'Märchenbücher' und unzählige Bildnisse Mozarts.

Und durch all diesen Wust, durch Vermutungen und Texte, die als wahr angeboten wurden, musste ich mich zu meinem ersten Vortrag[13] durchbeißen. Tatsächlich kam mir aber Wolfgang Amadé zur Hilfe.

---

12 Unrichtig, fiktiv, aber ein geniales "Machwerk" ist der Film "Amadeus" von Milos Formann nach Peter Shaffer. Bemerkung Volkmar Braunbehrens: "… wenn sich die Fiktion des Theaters oder die Überredungskunst des Kinos mit dem Namen *Amadeus* verbindet und damit unüberhörbar ankündigt, mit dem tatsächlichen Leben Mozarts nichts gemein haben zu wollen … *Amadeus* steht für Legenden, Ausschmückungen, Phantasien um "Mozart". Rezension ab Seite 12 Intermezzo I, - vgl. Anmerkung 11
13 "MOZART und das Jahr 1791" – "Zwischen Diesseits und Jenseits"

Wieder einmal stockte ich in meiner Arbeit. Das Herumwühlen in unzähligen Zeitungsartikeln. Musiklexika, CD- und Plattenbeiheften, in Aufnahmen von TV- und Radiosendungen und in den beiden Büchern (Levey und Hildesheimer) zwang mich zum Nachdenken über das Verhältnis Mozarts zu Antonio Salieri, dem wohlbestallten, angesehenen und erfolgreichen Hof-Kapellmeister.

Ruhe! - Im Hintergrund erklang leise und beruhigend der 2. Satz des Klavierkonzertes KV 466.

Hatte Salieri all das geschehen lassen, was ihm die Nachwelt so lange Zeit vorwarf? Hatte er die Intrigen als fest angestellter Hofkomponist überhaupt nötig?

Leise öffnete sich die Tür und … tatsächlich: Mozart mit dem Gesicht des Gemäldes der Barbara Krafft (nach meiner Deutung – Seite 5) trat ein und sagte: *"Ich sehe, dass Er sich mit meiner Biographie quält, ich werde Ihm sagen, wie es damals wirklich war."*

Eine kleine spannungsgeladene Pause, dann sprach er weiter: *"Die Sache war so …."*

Da wachte ich auf.

INTERMEZZO I
thema con variazioni

AMADEUS
Filmisches Meisterwerk – Historien-Flop

"M O Z A R T !!! --- Perdonami, Mozart! Il tuo assassino ti chiede perdono! - M O Z A R T – vergib mir!" schreit der Greis im Rollstuhl, und seine Rufe verhallen zitternd im weiten Rund des Krankensaales. Alt, krank und von Selbstmordabsichten gepeinigt, hält Antonio Salieri, einst Wiener Hofkapellmeister, Rückschau auf sein Leben und seine erbitterten Auseinandersetzungen mit dem jungen Schnösel und albernen Clown Wolfgang Amadeus Mozart, der es schnell zu beträchtlichem Ruhm bringt, aber auch den Neid vieler Musikerkollegen auf sich zieht. Salieri ist entsetzt über die vulgäre Art Mozarts, erkennt aber die göttliche Begabung in dessen Werken. Dieses Talent hatte er doch von Gott für sich erbeten. So setzt er alles dran, Mozarts Karriere zu zerstören. Insgeheim wünscht er sich, wie Amadeus zu sein, bleibt aber im Mittelmaß stecken und ertrinkt in Eifersucht. Er beichtet dem Hauskaplan seine Geschichte.

Der Film von Milos Forman basiert auf dem Theaterclou 'Amadeus' von Peter Shaffer, der am Drehbuch mitarbeitete und den Kampf des Mittelmaßes gegen das Genie aufzeigen wollte. So geht der Film sehr frei mit den historischen Wahrheiten um. Historisch weitgehend original getreu aber wird Mozarts Musik von der Academy of St Martin in the Fields unter Sir Neville Marriner eingespielt.

War Peter Shaffers Theaterstück noch eine moderne Paraphrase von Puschkins Dramolet (Musik von Rimsky-Korsakoff) über zwei verschiedene Künstlertypen, denen er die Namen Mozart und Salieri gab, so war die Kinoversion von Forman für viele Zuschauer eine überzeugende Bebilderung von Mozarts Leben – völlig falsch verstanden und deswegen so gefährlich. Mit diesem Film sei es gelungen, meinten die Verteidiger des Werkes, Jugendliche, die mit klassischer Musik nie etwas am Hut hatten, für Mozart zu begeistern. Er sei geradezu eine Einstiegsdroge in die klassische Musik geworden. Problematisch aber ist, dass der, zugegeben hervorragend gemachte Film nicht als Filmkunstwerk verstanden wird, dessen Rang hier auch nicht zur Diskussion steht, sondern von vielen als die Wirklichkeit über Mozart und dessen Leben aufgefasst werden kann. Diese scheinbare Authentizität des Filmes beweist sich auf vielfältige Weise. Die Leistungen der Schaupielergruppe sind beispielhaft, die Musik herausragend ausgewählt – beide immerhin mit 8 Oscars gekrönt. Aber Mozart z.B. als clownesken Dauerkicherer (Tourette-Syndrom? – und die Fäkalsprache war sogar in den 'Höheren Kreisen' üblich) und infantilen Kollegen Salieris zu zeichnen, erschien mir doch etwas zu einseitig gesehen. Tatsächlich kommen in den Dialogen Wörter und Sätze aus seinen (Bäsle) Briefen vor und suggerieren eine sorgfältige Berücksichtigung der vorhandenen Quellen. Historische Orte (Prag) erscheinen wie Originalschauplätze (Wien) und sind es doch nicht. Die Kostüme wurden sorgfältig rekonstruiert und selbst die Lichtverhältnisse wecken den Eindruck des Wachskerzenzeitalters. Fatal an diesem großartigen Film ist, dass er uns so geschickt das (so weit uns bekannte) Leben Mozarts vorgaukelt, dass sich Wahrheit und Legende märchenhaft vermischen. Zwei Beispiele:

"Mozart ist eingeladen, bei Kaiser Joseph II. wegen seiner Oper „Die Entführung aus dem Serail" vorzusprechen. Der amtierende Hofkomponist Salieri komponiert ein kleines Klavierstück – einen Marsch – zu Ehren Mozarts. Joseph, ein Klavier spielender Dilettant, klimpert den Marsch auf dem Klavier, als Mozart sich dem Raum nähert. Während die Hofschranzen beifällig nicken, Salieri fast verzweifelt, spitzt Mozart die Ohren.

Nachdem Mozart mit dem Hofstaat bekannt gemacht wurde, weist der Kaiser auf den Marsch Salieris hin. Mozart bedankt sich artig und lehnt die Notenschrift ab. Er deutet an, den Marsch in seinem Gehirn gespeichert zu haben. Der Kaiser fordert ihn auf: „Beweise Er das, bitte!"

Mozart setzt sich an das Klavier und spielt den gesamten Marsch – ohne Noten, einfach so, - frei! - Während alles staunt, hält Mozart an einer Stelle inne und meint nach einer kurzen Pause:

„Hier stimmt es nicht! Die Harmonie ist falsch fortgesetzt – das müsste eigentlich so klingen!" Er berichtigt die Stelle und spielt phantasierend weiter ... besser als die Vorlage! "Der Marsch zum späteren „Figaro" und der ‚Feind' in Salieri war geboren!", heißt es im Originaltext Shaffers.

Tatsächlich! Alles sieht so authentisch aus, ist es aber nicht. Die Raffinesse besteht darin, dass es eine solche Szene als Beispiel für Mozarts Genie durchaus hätte geben können. Nach allem, was wir wissen, scheint Mozart ein 'fotografisches Gedächtnis' besessen zu haben, das es ihm möglich machte, eine Komposition im Kopf zu speichern und gleichzeitig ein neues Werk zu schreiben. Aber diese Szene – Salieri hat niemals irgendeine Musik für Mozart komponiert – scheint so selbstverständlich, dass es dem musikalischen Laien als glaubhaft vorkommen muss.

Noch deutlicher zeigt sich das in der zweiten zitierten Szene, die ebenso reine Fiktion ist:

Gegen Ende des Streifens diktiert Mozart, auf dem Sterbebett liegend, Salieri Passagen seines Requiems: - ein berührendes Märchen, ein Märchen eben!! - Beide Musiker begegneten sich in Wien durchaus als rivalisierende Kollegen, die sich aber achteten und anerkannten. Vielleicht war Salieri tatsächlich einer der wenigen, die das Genie Mozarts erkannt hatten. Er dirigierte nach Mozarts Tod unter anderem dessen Requiem!"[14]

---

14 Aus meinem Buch: Was die Zeiten reiften ...." Seite 157

Mit an Sicherheit grenzender Wahrscheinlichkeit hätten sich Mozarts zehn Wiener Jahre (1781 – 1791) in der Tat so abspielen können. Dadurch ergibt sich die Faszination des Werkes ... nur ... Shaffer wollte eigentlich unter Verwendung der beiden Figuren Mozart und Salieri den Widerstreit zwischen Genie und Mittelmaß deutlich machen! Man kann davon ausgehen, dass – es ist ja auch bezeugt – Mozart sehr ‚albern‘ sein konnte. Nur – welcher Mann, der sich einen Rest Kindlichkeit bewahrt hat, ist das nicht hin und wieder?

Man muss kein Freund klassischer Musik sein, um diesen Film zu mögen. Nur muss man sich klar vor Augen halten, dass der Film eine fiktive Geschichte, mit ein paar Tatsachen vermischt, begeisternd mit hervorragenden SchauspielerInnen, auch in den Nebenrollen und opulenten Bildern erzählt. Wenn man diese Fakten erkennt, dann genießt man ein filmisches, fast opernhaftes Drama um Neid, Rivalität, Begabung, Wahnsinn, Talent und den "First King of Pop" ---

"Amadeus – Amadeus – oh, oh, oh, - Amadeus"[15]

---

15 Zitat: Falcos Song

Kapitel 2 a) SUITE INTRADA
Allegretto Ciocioso
Wer ist – wer war MOZART?

"Das Herz adelt den Menschen, und wenn ich schon kein Graf bin, so habe ich vielleicht mehr Ehre im Leib, als mancher Graf; - und Hausknecht oder Graf, so bald er mich beschimpft, so ist er ein Hundsfott. Ich werde dem Grafen (Arco) von Anfang ganz vernünftig vorstellen, wie schlecht und übel er seine Sache gemacht hat. Zum Schluß aber muß ich ihm doch schriftlich versichern, daß er von mir einen Fuß in den Hintern und noch ein paar Ohrfeigen zu erwarten hat. Denn wenn mich einer beleidigt, so muß ich mich rächen, und tue ich nicht mehr als er mir angetan hat, so ist es nur Wiedervergeltung und keine Strafe nicht. Und noch dazu würde ich mich mit ihm ihn Gleichheit stellen, und da bin ich wahrlich zu stolz, als daß ich mich mit so einem dummen Schöps vergliche."[16]

Ausschnitt aus „DIE ZEIT" Geschichte – Nr. 4, 2005 - „Wer ist Mozart?"

Mozart? … **Mozart?** ...

Mozart? ...Mozart

... **Mozart?** Mozart? ... **Mozart?** ...

---

16 Mozart an seinen Vater, Wien Juni 1781

Mozart? ... Mozart? ... Mozart

... Mozart ... Mozart ... Mozart ---

Mozart --

Wer ist ... wer war ... Mozart?

Wer den wahren Mozart sucht, verstummt irgendwann, zu Recht, denn es gibt ihn irgendwie nicht. In unzähligen Artikeln, Bibliografien, wissenschaftlichen Abhandlungen und persönlich gefärbten Erkenntnissen haben Experten, interessierte Laien, Schriftsteller, Professoren, Dirigenten und andere Musiker und Laien versucht, ein Bild des 'Musikers Mozart', des 'Menschen Mozart' und überhaupt „Mozart an sich" zu entwerfen. - Vergebens!

Alle Versuche, Mozart in seiner Gänze zu erfassen, scheitern! Mozart ist ein künstlerischer Kosmos und seine Person strahlt in so vielen Facetten, wie es Menschen gibt, die versuchen, dieses Phänomen zu ergründen. Jeder findet „seinen" Mozart und „so ist die Wirkungsgeschichte bei Mozart mehr als das gängige Protokollieren und Fortschreiben des Faktischen. Mozarts Wirkungsgeschichte müsste, um Relevanz anzunehmen, die Millionen Mozarte der einzelnen dingfest machen."[17] Wir scheitern ja schon bei der Beschreibung seines "äußeren Erscheinungsbildes ... denn alle Nachrichten über sein Aussehens lassen darauf schließen, dass die Schönheit seiner Musik die seiner Erscheinung bei weitem übertraf."[18]

Beim Ausarbeiten meiner Vorträge bemühte ich mich, dem Phänomen „Mozart" auf die Spur zu kommen. Dabei halfen

---

17   (zitiert nach „Nun erst recht! Mein Mozart" in ZEITmagazin vom 01.03.1991 – von Urs Frauchiger)
18   MOZART HANDBUCH, Silke Leopold Seite 13

22

mir außer Zeitungs- und Zeitschriften-Ausschnitte, Beihefte zu CD's, Platten und DVD's, unzählige Aufsätze, Essays - die ca. 140 wichtigsten Bücher unterschiedlicher Autoren, und ich gewann durch das Studium mehr als 140 verschiedene Mozart-Bilder und Charakterdarstellungen.[19]

Zugegeben, es hat Spaß gemacht, die Versuche von 'ernst zu nehmen' bis unglaubhaft und lächerlich kennen zu lernen. Dabei 'bewundere' ich kopfschüttelnd den Mut so mancher Autoren, ihr Mozartbild als das einzig richtige absolut zu setzen. Ich halte es da mit Braunbehrens, der eine TV-Sendung schloss: **"Wir stehen erst am Anfang unserer Mozart-Forschungen!"**[20]

AHNUNGEN

Alles, was ich mit meinen eingeschränkten Mitteln und laienhaften Wissen schließlich erreichen konnte, waren Ahnungen … einfach nur 'Ahnungen' und die schlichte Erkenntnis, dass sich der „wahre Mozart" niemanden zu erkennen gibt. Also werde ich stets von „meinem Mozart", meinem subjektiven Mozart-Bild erzählen – besonders auch dann, wenn ich in der Folge von unserem gemeinsamen katholischen Glauben spreche.[21]

„Mozart ist der göttliche Mozart und wird es immer sein. Nicht nur ein Name, sondern ein himmlisches Genie, das auf die Erde kam, dreißig und einige Jahre blieb, und als er die Welt verließ, war sie neu, bereichert und durch seinen Besuch gesegnet."[22]

---

19 vgl.a.a.O. und Intermezzo II
20 Volkmar Braunbehrens in einer TV-Sendung
21 Ab Seite 20: Fiktives Gespräch Thomas Bernhard, Konrad Schrögendorfer, Manfred Krumeich nach Stefan Weinberg: "Gespräch über Mozart"
22 --- (Leonard Bernstein (1918 – 1990), amerikanischer Komponist und Dirigent (Fernsehinterview, 1990)

INTERMEZZO II
Presto e con tutta la forza

Stefan Weinberg: „Gespräch über Mozart" zwischen Thomas Bernhard und dem Dramaturgen des Wiener Burgtheaters Dr. Konrad Schrögendorfer in ‚MOZART … dieser zauberhafte Name." Hrsg. Jost Perfahl, by Langen-Müller, München – ISBN 978-3-7844-3233-5, Seite 134 f.
„Treffpunkt Mozart", 2. Akt, Szene 9 – redigiert und erweitert durch den Autor M. Krumeich, der beim Besuch des Wiener Zentralfriedhofs auf Schrögenhofer und Bernhard, der im langen weißen Nachthemd bedächtig einer Gruft entsteigt, trifft.

Bernhard (**B**): Guten Abend, die Herren, ich habe gehört,
  dass Sie sich über Mozart unterhalten …
Schrögendorfer (**S**): Eher über die Äußerungen der zahllosen
  Mozartforscher und selbsternannten Kenner ---
Krumeich (**K**): --- oder die sich einbilden, Fachleute des
  Mozart-Kosmos zu sein.
S: Übrigens, Herr Bernhard, hören Sie – dort, wo Sie jetzt sind – hören Sie dort Mozart?
B: Nur sehr selten - man spielt da mehr Bach – aber ich singe hin und wieder was aus der Zauberflöte: „In diesen heiligen Hallen ..." z.B.
K: Ach ja, … diese Arie passt aber gut da hin, wo Sie jetzt sind.
S: Wir hatten erwartet, Herr Bernhard, dass Sie zum Fest kommen.
B: Eigentlich wollte ich ja kommen, um Mozart zu treffen, wenn auch fast alles, was hier gesprochen wird, von einer ungeheuerlichen Senilität ist.
K: Das dürfte bei dem Altersdurchschnitt auch kein Wunder sein.

S: Weil alle Mitteilungen, die hier so kursieren, aus zweiter Hand sind.
B: Schlimmer --- aus zweiter, dritter, vierter und noch

mehr Hand! Ich kann es nicht mehr hören. Diese
ganzen Schwärmereien - sie triefen von Senilität!

K: Unsereiner verliert die Übersicht. Das meiste klingt so
glaubwürdig. Was ist wahr --- was ist erdacht?

B: Unter den Mozartforschern finde ich keine einzige
außergewöhnliche Intelligenz! --- Keine einzige!

S: Höchstens Jahn …

B: Ja, gut, vielleicht Jahn ausgenommen.

K: Heute unter Umständen auch Braunbehrens, der
gesagt hat, dass wir in der Mozartforschung erst am
Anfang stehen.

B: Vielleicht, wenn er es ehrlich meint.

S: Aber die andern?

B: Aber die andern --- Diese entsetzliche Intelligenz-
armut!

S: Einige sind dazu nicht ohne Hinterhältigkeit.

B: Eingekerkert in der eigenen geistigen Enge – in der
Gefängniszelle ihrer intellektuellen Billigkeit -

S: - ihrer billigen Intellektualität!

K: Das sind aber sehr harte Worte. Wir können doch nicht
so einfach alle über einen Kamm scheren.

B: Ach was! Diese Kerkerhaft haben sie noch nie durch-
brochen. --- Sie ist lebenslänglich.

S: Das Einzige, was garantiert verlässlich ist an diesen
Mozartexperten, ist ihre Beschränktheit.

B: Noch nie hat einer einen hellen Gedanken gehabt.

K: So absolut stimmt das doch wohl auch nicht, denn aus
vielen Beiträgen spricht auch die Liebe zu der wundervollen Musik und ein individuelles Mozartbild, das
…..

S: nicht zu beweisen ist --- immer haben sie uns nur die
Sicht auf den wirklichen Mozart verbaut!

B: Richtig, Schrögendorfer, verbaut ist das treffende
Wort – Maurer sind sie, geistige Zumaurer!

S: Wir wollen sie nicht mehr hören, nicht mehr be-
achten.

B: Wir können ihnen, wenn es um Mozart geht, nicht mehr glauben. Weh uns, wenn wir darauf reinfallen – es würde uns beseitigen. Das wollen sie doch, das ist ihre ständige mehr oder weniger bewusste Unternehmung.

S: Diese Mozartforscher – ebenso wie die Mozartjournalisten – glauben, dass ihre Darstellungen, ob derer singulärer Themen, wertvoll sind, --- singulär!

B: Dabei ist es durchaus keine Garantie, dass wer etwas ist, weil ihm Mozart gefällt oder weil er über Mozart schreibt, forscht, phantasiert. Denn er schreibt, forscht und phantasiert ja nicht über Mozart, sondern über den, der Mozart in seiner Vorstellung ist. Und er hört ja gar nicht Mozart, sondern er hört seine Vorstellung über Mozart, die nichts anderes ist als eine ko- lossale Einstellung und Verfälschung Mozarts.

K: Das habe ich bei den über 140 Werken, die ich über Mozart studierte, zwar festgestellt: 140 Bücher = 140 verschiedene Mozarts! Aber …

B: Na, Seh'n Sie!

K: Aber kann nicht jeder seine eigene Vorstellung, sein persönliches Bild von Mozart haben?

B: Unter gewissen Umständen vielleicht.

S: Dass wir aber nur ja nicht auf den Gedanken kommen zu glauben, wir hätten, nur weil wir Mozart verehren, auch nur das Geringste gemeinsam mit diesen Mozartforschern.

K: Bei den vielen Meinungen, Mozartbildern und angeblich wahren Geschichten wird es mir ganz wunderlich im Kopf, die Gedanken fahren Karussell und --- Mozart wird mir immer fremder.

S: Das ist wahr --- sie machen uns Mozart nur fremder anstatt ihn uns nahezubringen.

B: Sie entstellen ihn bis zur Entsetzlichkeit – und niemand merkt das! --- Diese Gernegroß-Mozartexperten haben von Anfang an nichts anderes getan, als uns

Mozart wegzunehmen.

S: Das ging sogar so weit, dass sie uns gewonnene Informationen über Mozart vorenthalten haben -

B: --- und dass sie uns durch die allerfurchtbarste Enge ihrer Gehirnwindungen hindurch ein Bild Mozarts projiziert haben, dass nicht Mozart darstellt, sondern eine einzige Ungeheuerlichkeit - aber niemand merkt das.

S: Wir aber wissen, dass ihre Gehirnkammern Folterkammern sind und dadurch wird alles, was diese Mozartforscher denken ---

B: --- durch ihr Denken gefoltert und bis zur Unkenntlichkeit verstümmelt.

K: Aber hören Sie, sie alle meinen es doch ehrlich, ich ----

S: Ruhe! --- Wer wie wir, nicht wahr, Herr Bernhard, hellhörig ist, vernimmt die Schreie der Gefolterten …

B: – während die anderen nichts hören, nichts wahrnehmen weil sie taub wie Steine sind.

S: Oder weil sie weghören!

B: Man weiß es nicht! - Es ist jenseits der Vorstellbarkeit. Vielleicht hören sie weg – aus Feigheit, aus Dummheit – So, wie jemand, der stumm, unbeteiligt dabeisteht und wegschaut, wenn jemand umgebracht wird.

K: Wenn Sie beide doch alles richtig wissen, wieso …

S: Papperlapapp, Ruhe! - Hier liegt ein großes Rätsel vor.

K: **Ein Rätsel?**

B: Vielleicht das allergrößte, weil sich dahinter das Rätsel des **Nichts** verbirgt!

K: Aber wenn Sie das Richtige doch zu wissen glauben …. warum sagen Sie dann **nichts?**

S: (löst sich in einem weißen Nebel auf) **NICHTS** ---

27

NICHTS!

B: (verschwindet laut lachend in der Gruft) - **N I C H T S !**

K: **Mit dem NICHTS im Ohr wache ich auf!**

„Da sitze ich nun auf meiner Wolke
und amüsiere mich köstlich! Die Wahrheit
kriegt Ihr nie raus!
Lasst mich endlich in Ruhe!
Freut Euch an meiner Musik!"[23]

und überlasst alles dem lieben Gott. "Ich hoffe auf Gott. Ich bitte ihn um das, was ich glaube, daß mir und uns allen nützlich ist, setze aber allzeit dazu: Herr, dein Wille geschehe wie im Himmel also auch auf Erden! (...) Gott weiß es immer am besten wie es sein muß![24]

---

23 Eigener Text
24 Mannheim, Anfang März 1778 –

Kapitel 2b) ANDANTINO MAJESTOSO
recitativo accompagnato

"Vienne ce de Septembre 1781"
"... denn, ein Mensch der sich in einem so heftigen zorn befindet, überschreitet alle ordnung, Maas und ziel, er kennt sich nicht – so muß sich auch die Musick nicht mehr kennen – weil aber die leidenschaften, heftig oder nicht, niemal bis zum Eckel ausgedrückt seyn müssen, und die Musick, auch in der schauervollsten lage, das Ohr niemalen beleidigen, sondern dabey vergnügen muß, folglich allzeit Musick bleiben Muß, so habe ich keinen fremden ton zum f (zum ton der aria), sondern einen befreundten dazu (...) A minor gewählt."[25]

Mozarts Musik – egal ob weltlich oder kirchlich, profan oder religiös - ist zu umstürzlerisch für Vereinnahmungen – sie verlangt nach ausführlichen Darstellungen.
Wer meint, sich an ihr stärken zu können, bekommt unmerklich eine Portion Zaghaftigkeit verpasst ...
Wer sich mit ihr das Trauern erleichtern will (empfehlenswert), sieht sich plötzlich zum Kichern verführt, ...
Wer meint, zu Mozarts Musik tanzen zu müssen (können), hört sich auf einmal kräftig fluchen und hat 'Knoten in den Beinen', ...
Wer meint, mit ihr lachen zu können, wird auf einmal ganz ernst und traurig.
Wer den 'schrägen' Mozart sozusagen im 'Crashkurs' entdecken will, kann mit dem Dissonanzen-Quartett anfangen ... und bei dem "Dorfmusikanten-Sextett" den Boden unter den Füßen verlieren.
Mozarts Musik ist alles auf einmal, gleichzeitig: traurig – heiter – ernst – lustig – gläubig – christlich - heidnisch – hin-

---

25 "Entführung aus dem Serail" zur Arie des Osmin

tersinnig – offen - geheimnisvoll – einfach – schlicht – extravagant – barock – modern – schneidend – polternd – elegant – simpel – kichernd – weich – hart – dunkel – strahlend hell – empfindsam – u.s.w.

Für mich ist die Musik Mozarts ein Traum, wie ein Traum von einer besseren Welt, vielleicht sogar eine musikalische Verkörperung der Bergpredigt.
Träume aber brauchen wir, um in dieser 'kalten, technisierten und egozentrischen Welt' bestehen zu können.

Wenn wir auf andere zeitgenössische Dokumente der bildenden Künste blicken, stellt man fest, dass auch hier „weltliche Stilmittel" einbezogen werden, ohne dass wir das Recht hätten, die Religiosität ihrer Schöpfer anzuzweifeln.

MUSIK, insbesondere die Mozarts, ist mein Lebenselixier.

Kapitel 3:   ANDANTE GIOCOSO
Mozarts Musik – Begleitung durch das Leben

"Wien, den 28. Dezember 1782"
Ich muß in größter Eile schreiben, weil es schon halb 6
Uhr ist und ich mir um 6 Uhr Leute her bestellt habe, um
eine kleine Musik zu machen.
Überhaupt habe ich so viel zu tun, daß ich oft nicht weiß,
wo mir der Kopf steht. Der ganze Vormittag bis 2 Uhr geht
mit Lektionen herum, dann essen wir. Nach Tisch muß ich
doch eine kleine Stunde meinem armen Magen zur Erho-
lung vergönnen. Dann ist der einzige Abend, wo ich etwas
schreiben kann und der ist nicht sicher, weil ich öfters zu
Akademien geladen werde.
Nun fehlen noch zwei Konzerte zu den Subskriptionskon-
zerten. Die Konzerte sind das Mittelding zwischen zu
schwer und zu leicht, sind sehr brillant, angenehm in die
Ohren, natürlich, ohne in das Leere zu fallen. Hier und da
können auch Kenner allein Satisfaktion erhalten, doch so,
daß die Nichtkönner damit zufrieden sein müssen, ohne zu
wissen warum.
Aber was wollen Sie! Das Mittelding, das Wahre in allen
Sachen, kennt und schätzt man jetzt nimmer. Um Beifall zu
erhalten, muß man Sachen schreiben, die so verständlich
sind, daß es, eben weil es kein vernünftiger Mensch verste-
hen kann, gerade eben deswegen gefällt. Ich hätte Lust, ein
Buch, eine kleine musikalische Kritik mit Exempeln zu
schreiben – aber nicht unter meinem Namen."[26]

Schade eigentlich, dass Mozart dieses Buch nicht geschrieben hat.

---

26 Mozart: "Im Zauberreich meines Lebens", S 142

Als mir mein Freund Jörg das Büchlein von Dr. Hans Walter Bähr "Das Zauberreich meines Lebens"[27] 1953 zum 19. Geburtstag schenkte, wurde der Grundstein für mein bis heute andauerndes Studium der Musik und des Lebens Mozarts gelegt. Immer wieder habe ich auf das Buch zurückgegriffen, weil jedes Wort vom Meister selbst ist und in Sätzen der Fachliteratur immer wieder zitiert wird..

Drei Opern waren einmal Ursache für meinen Wunsch, Sänger zu werden: "Rigoletto" von Giuseppe Verdi, "Die Entführung aus dem Serail"[28] und die **"Zauberflöte"** von Mozart. Dabei setzten wichtige Bass-Bariton-Partien maßgeblich die Akzente: "Rigoletto" – interpretiert von Willi Domgraf-Fassbänder, der Osmin und Sarastro. (Kurt Böhme, Josef Greindl, Gottlieb Frick, Kurt Moll u.a.)

Da Mozarts grundlegende Welterfahrung zunächst religiös und erst später mehr profan war, hat er mich mit seiner Kirchen- und Opernmusik besonders beeindruckt. Wie weit sein Freimaurertum meine religiösen Erfahrungen beeinflusst hat, kann ich schlecht abschätzen – ist aber mit Sicherheit vorhanden. Aber zu jeder Zeit faszinierte und bereichert er mich mit und durch seine Musik, "zauberhaft begabt und aus Kräften, die unerklärlich bleiben "[29] - geheimnisvoll und unsterblich.

„Offenkundig war es Mozart ganz und gar unmöglich, andere als vollkommene Musik zu komponieren, und es gibt unter den damals üblichen Gattungen keine einzige, die er nicht beherrscht und bedient hätte. Er komponierte Kirchenmusik in eindrucksvoller Zahl, schrieb Messen, Litaneien, Vespern, Motetten, Antiphone, dazu noch etwa

---

27 Dem Büchlein mit seinen 225 Seiten merkt man das Alter am Abnutzungsgrad an.

28 Auf der Theaterfahrt nach Kassel zur "Entführung" lernte ich meine Christel kennen. (1956/57)

29 Aus 'Zauberreich meines Lebens', Seite 226

drei Dutzend mehrteilige Werke wie 'Regina Coeli', Miserere oder 'Te Deum', eine Vielzahl von Kirchensonaten, Kantaten und schließlich das unvollendete 'Requiem'. (...) In ihnen allen verschenkte Mozart seine einmaligen Gaben: subtilste Dramatik, ausgewogene Formensprache bei zugleich ungeheurem Ausdrucksreichtum und immer wieder scheinbare Leichtigkeit in einem ebenso sinnlichen wie zutiefst geistigen Spiel. "[30]

Angeregt durch den Katalog des Dommuseums Salzburg *„Zwischen Himmel und Erde – Mozarts geistliche Musik"* und Buchneuanschaffungen, stelle ich fest, dass mich das Phänomen, das Genie 'Mozart' immer wieder aufs Neue beschäftigt: Wie 'fromm' war Mozart? Welche Bedeutung hatte für ihn selbst seine geistliche Musik? Wie ist seine unbändige Lebenslust (fast Gier) mit seiner Gläubigkeit in Einklang zu bringen?
Mozarts Musik hat mich mein ganzes Leben bis heute begleitet, hat mir Sinn und Richtung gezeigt, ist – ohne zur Religion zu werden -- mein Lebenselixier:
„Wie von ferne leise hallen mir noch die Zaubertöne von Mozarts Musik. Sie zeigen uns in den Finsternissen dieses Lebens eine lichte, helle, schöne Ferne, worauf wir mit Zuversicht hoffen." [31]

"Mozarts Musik", so drückte es Maurice Kagel einmal aus, "ist wie ein Füllhorn, ein akustischer Mutterkuchen, der nie aufhört, uns großzügig zu nähren. (...) Von seiner Musik kann man nur ergriffen und fassungslos sein. Und dies ist eigentlich das Unbegreifliche: **Ergriffensein** als ständiger Zustand des Hörens." [32]

Mozarts Musik begleitete mich auch in meinen Träumen bis

---

30 Max Becker/Stefan Schickhaus: „Ch Sronik Bildbiografie Wolfgang Amadeus Mozart, Chronik Verlag im Media Verlag, Gütersloh, 2005
31 Franz Schubert
32 "Summa summarum", Seite 330

hinein in den tiefsten Fieberwahn. Wenn im Familien- oder Freundeskreis die Sprache auf meine populärwissenschaftliche Musik-Arbeit kommt, erzählt Christel gern eine Begebenheit aus den Anfängen unserer Beziehung.

"Eines Tages erschien Manfred mit hochrotem Kopf und fieberglänzenden Augen in meinem Büro und 'meldete' sich krank. Nachmittags stand sein Vater vor unserer Haustür: "Christel, Sie müssen unbedingt mit zu Manfred kommen, er verlangt nach Ihnen, und ich weiß mir nicht mehr zu helfen, da meine Frau nicht zu Hause ist".
Als wir in der Wohnung ankamen, empfing uns Manfred mit 40 Grad Temperatur und den Worten: "Zauberflöte – den Marsch der Priester, --- spiel' mir den Priestermarsch, Vater --- !" Er summte die ersten Takte und meinte dann (ein paar mal wiederholend): "Mozart musste sterben – ganz jung sterben – jetzt bin ich dran! --- 'In diesen heiligen Hallen'! ---."
So ging es eine ganze Weile. Eine komische Situation, die durch das Erscheinen der Mutter und der Hauswirtin karikiert wurde. "Mutti, guck, das Mädchen ist deine Schwiegertochter, ich muss sie nur noch heiraten! --- Priestermarsch, spiel' weiter, Vater." Die schwerhörige Vermieterin fragte gleich: "Was hat Manfred gesagt?" Heute lachen wir darüber, wie peinlich aber war das für Christel! An die ganze Chose kann ich mich nur schwach erinnern und lache halt mit, wenn Christel mit viel Charme und Witz die Geschichte fast 'schauspielend' erzählt.

In einem Interview 2005 wurde Sir Simon Rattle gefragt: "Wo liegt denn die Wahrheit bei Mozart?"
"Die Wahrheit über Mozarts Musik ist, dass sie zutiefst emotional ist und leidenschaftlich und dunkel und gefährlich und fröhlich wie keine andere, die je geschrieben wurde. Und wenn man sie spielt, indem man ihr nur mit Vorsicht begegnet, hat man wirklich ein Problem. Alles in dieser Musik ist so natürlich, dass man die Regeln vergessen muss. Man muss

ein Fundament haben, auf dem alles selbstverständlich aufbaut. Aber dann muss man das Fundament vergessen. Es wäre Mozart nie in den Sinn gekommen, dass er bei der Aufführung seiner Musik nicht in der Nähe gewesen wäre, um die Details auszuarbeiten."[33]

Diese verflixte "Zauberflöte"![34] - Diese "Hallenarie!" - Wie oft gesehen, wie oft gehört, und wie oft habe ich dieses Lied (diese Arie) gesungen?

Diese verzwirbelte Oper – ein Werk, das ein Kind ebenso wie einen Erwachsenen entzücken und zu Tränen rühren kann. Selbst den 'weisesten' Menschen kann sie erheben und bereichern – und nur dem lediglich Gebildeten oder dem Barbaren sagt sie bezeichnender Weise nichts. Dem einen erscheint sie ein Mischmasch aus unterschiedlichen Themen, dem anderen fast beispielhaft der Weg des Christenmenschen durch das Leben zu sein.

Fest steht, dass die Zauberflöte auf mich die gleiche Faszination ausübt wie Goethes 'Faust' und mich immer in ihren Bann zieht, wenn ich an das Werk denke, die Musik höre oder eine Aufführung besuche. Ich stehe ja auch nicht alleine da: "Mozarts Zauberflöte hat (eben nicht nur) auf Goethe eine nie nachlassende Faszination ausgeübt".[35]

Und der Meister selbst versuchte einen 'Zweiten Teil' zu schreiben – und das trotz seines Urteils "Der Text ist voller Unwahrscheinlichkeiten und Späße, die nicht jeder zurechtzulegen und zu würdigen weiß. Aber man muss doch auf alle Fälle dem Autor zugestehen, dass er im hohen Grade die Kunst verstanden hat, durch Kontraste zu wirken und große theatralische Effekte herbeizuführen."[36]

Goethes Bemühungen konnten nicht erfolgreich sein, da z.B.,

---

33 DIE ZEITGeschichte, Nr. 4/2005, S 24 ff, Interview
34 Vgl. Intermezzo V
35 Brochmeyer: "Mozart oder die Entdeckung der Liebe", Seite 260
36 Gemeint ist auch Emanuel Schikaneder (1751 - 1812)

der Komponist Zelter eben **n i c h t** Mozart war. Nur denke ich mir, dass der Herr Geheimrat sich darüber im Klaren war, denn als er zu Eckermann sagte: "Mozart hätte den Faust komponieren müssen"[37], hätte er durchaus zufügen können: "Meine Fortsetzung der "Zauberflöte" kann nur Mozart komponieren!"

Goethes Bemühungen, Paul Wranitzki für eine Vertonung seines "Zweiten Teils" zu gewinnen, waren auch vergebens. Das Ringen um die Vertonung des 2. Teils wäre ein eigenes Kapitel wert im Rahmen dieses Essays, aber zu weit führend. Dafür erzähle ich im ersten Intermezzo von einem immer mal wiederkehrenden Traum:

---

37 Gespräch mit Eckermann, 12. Februar 1829

Zeichnung: Manfred Krumeich

INTERMEZZO III
molto expressivo assay
Mein ZAUBERFLÖTEN-TRAUM

"Ich träumte von bunten Blumen" ... Sänger! ... Oper! ... auf
der Bühne stehen, singen, spielen ... berühmt werden wie
z.b. meine Vorbilder Gottlob Frick, Kurt Moll[38] Kurt Böhme
u.a. ... Mailänder Scala, Berlin, Wien, die ‚Met' in New York
und Salzburg! ... singen mit den Stars der Opernszene ... als
Sarastro, Osmin, van Bett, Bacculus und Falstaff! ... rauschender Beifall ... Blumen! ... aber ehrlich:
Hätte ich es wirklich gewollt und geschafft?

... Gewollt vielleicht schon, aber geschafft? ... Wie viel Fleiß,
Ausdauer, lebenslanges Lernen, konzentriertes Studieren,
Lernen und Geduld gehören dazu! ? ...
Träumen darf man ja!
Und ich hatte so einen ‚ewigen', oft wiederholten Traum:
Besuch einer Aufführung der „Zauberflöte".
Erwartungsvoll sitzen wir in der Oper und harren der Dinge,
die da auf uns zukommen werden. Langsam wird es im Zu-
schauerraum unruhig. Es müsste doch eigentlich losgehen!
Was ist los? Die Musiker im Orchestergraben haben schon
längst ihre Instrumente gestimmt. Auch hier wird getuschelt
und geraunt, der Dirigent ist nicht zu sehen.
Da – Bewegung hinter dem roten Vorhang, der sich einen
Spalt öffnet und einen Herrn ‚ausspeit', der sich räuspernd an
die Rampe begibt. Nachdem es unter den Zuschauern still
geworden ist, räuspert er sich noch einmal und spricht:
„Meine sehr verehrten Damen und Herren, wir sind in
Schwierigkeiten. Einer unserer Hauptsänger ist plötzlich so
schwer erkrankt, dass er weder auftreten noch singen kann.
Und ohne Sarastro können wir die ‚Zauberflöte' nicht geben!

---

38 Kurt Moll - meine Frau meint, meine Stimme würde der des Herrn Moll
ähnlich klingen

Sie können sich ihre Karten an der Kasse ....."
Ich lasse ihn nicht ausreden und platze dazwischen: „Ich springe ein, ich singe die Partie!" Verdutzt guckt der Herr von der Rampe, zögert .... „Ich kann diesen Part wirklich verkörpern und singen!" rufe ich ihm zu und bin auch schon zu ihm unterwegs. „Aber ...", wirft er ein. „Nichts aber! Ich übernehme die Rolle!" laufe an ihm vorbei und verschwinde hinter dem Vorhang! Während der Ouvertüre weist mich der Regisseur kurz ein, und dann singe ich ... natürlich mit Bravour und riesigem Erfolg! - Rauschender Beifall!!
Mitten im Beifall wache ich auf ... schade, es war nur ein Traum, ... aber ein schöner!

So blieb mir das Singen als eines meiner Hobbys ein realistischer Weg ... und wenn ich es wollte, sang ich: mit Robert M., seinen Chören und mit seinem Kammermusikkreis bei vielen Konzerten (Advent!), bei Jubiläen (Wie oft das „Büblein klein ...und die Hallenarie) und nicht zuletzt durch Frank P. bei vielen Konzerten der Muks (Musik- und Kunstschule Büdingen) und vor allem bei unserem gemeinsamen Projekt: „Zauberflöte".
Es hat Spaß gemacht!"

Gut, --- und träumen darf man ja.

Kapitel 4 a) ALLEGRO CON SPIRITO

Auf der Suche nach dem wahren Glauben –
drei ausgewählte Musikstücke und Mozarts
Freude zeigen den Weg.

"Bologna, Sommer 1770
Wir haben die Ehre, mit einem gewissen Dominikaner um-
zugehen, welcher für heilig gehalten wird. Ich zwar glaube
es nicht recht, denn er nimmt zum Frühstück oft eine Tasse
Schokolade, gleich darauf ein gutes Glas starken spani-
schen Wein; und ich selbst habe die Ehre gehabt, mit die-
sem Heiligen zu speisen, welcher brav Wein und auf die
Letzte ein ganzes Glas voll starken Weins bei der Tafel ge-
trunken hat, zwei gute Schnitze Melonen, Pfirsiche, Bir-
nen, fünf Schalen Kaffee, einen ganzen Teller voll Nägeln,
zwei voll Teller Milch mit Limonien."

Als ich in der Presse auf das Buch: „*Wie die Kirche ihre Autorität verspielte"*, in dem ich gewisse Parallelen zu meinen
Erfahrungen und Erlebnissen mit der Institution „Katholische
Kirche" entdeckte, stieß, wurde mir (wieder einmal) bewusst,
welchen Einfluss Mozarts geistliche Musik auf meinen persönlichen Glauben hat. Was bedeutet mir also Mozarts Kirchenmusik? Inwieweit stützt sie mich in meinem Glauben,
denn die Institution Kirche (ob katholisch, evangelisch oder
überhaupt christlich) sagt mir nicht mehr viel!
Natürlich habe ich es kommen sehen, dass dieses Thema in
meinem Alter irgendwann für mich wichtig werden würde.
Obwohl mir kein Priester, Kaplan oder Pater jemals etwas zu
Leide getan hat, muss ich feststellen, dass uns alle (auch teilweise die Eltern) in der Furcht vor dem sogenannten Fegefeuer und der mittelalterlich geprägten Hölle (Dantes "Infer-
no") samt den dazu gehörigen Teufeln jeglicher Couleur er-
zogen haben. Was für ein Unsinn!!

Nun versuche ich mit der Ausarbeitung und textlichen Erweiterungen meines 'Mozart-Buches' herauszufinden, ob und wie weit mein Glaube unter der Entfremdung von der Institution 'Katholische Kirche' gelitten hat.

Die Verbindung mit der Kirchenmusik im allgemeinen und der Mozarts im Besonderen bietet sich an, durch einen Ausspruch Shaws bekräftigt:

„Die einzige Musik, die im Munde Gottes nicht deplatziert klingen würde, ist die von Mozart."

So will ich mit Hilfe des genaueren Studiums der geistlichen Musik Mozarts herausfinden, was mir diese krisengeschüttelte, immer noch stur an völlig veralteten und verkrusteten Strukturen festhaltende autoritär-hierarchische 'Männergesellschaft' noch zu sagen hat.

Ich denke, dass mir die Musik Mozarts helfen kann, dieses für mich schwierige Problem zu einer für mich verträglichen optimalen Lösung zu bringen.

Übrigens ist es bezeichnend, dass z.B auch Franz Schubert in seinen fünf Messkompositionen den Passus *„et unam sanctam catholicam ecclesiam"* nicht vertont hat!

Nun bin ich gespannt, wohin mich Mozarts Kirchen-Musik, seine Musik überhaupt, die nicht göttlich sondern absolut ist, bringen wird!

„Zwischen Himmel und Erde, Mozarts geistliche Musik und mein Glaube"

Wie wird dieses Ergebnis aussehen? Sicher sehr persönlich, das habe ich schon angedeutet. Und die Ideen nehmen langsam Gestalt an.

So werden z.B. Musikausschnitte aus 'nur' drei Werken Mozarts meine Worte begleiten: „Exsultate, jubilate" KV 165, Motette, 1773 Mailand - „Grosse Messe c-moll, KV 427, unvollendet, ab Herbst 1782 in Wien komponiert und „Ave verum corpus", KV 618, Juni 1991, Baden bei Wien.

Ein besonderer Grund ist, dass alle drei Werke mit Leonard Bernstein am 4. und 5. April 1990 in der Stiftsbasilka von Waldsassen aufgezeichnet wurden – ein halbes Jahr vor Bernsteins Tod.

Ich habe die CD und DVD studiert und meine, dass irgendwie in Bernsteins Gesten, Mimik und im Duktus der Interpretation durch ihn so etwas wie eine Vorahnung mit-

schwingt. Ich werde versuchen, vom Bildschirm das eine oder andere Foto hinzukriegen!

Darüber hinaus sind alle drei Beispiele unerschütterliche Zeugnisse von Mozarts Genie und offenbaren seinen katholischen Glauben – unabhängig von der Institution „Römische Kirche".

HÖRBEISPIEL 1

Geläut der beiden historischen Glocken aus dem Jahre 1628 des Salzburger Domes.

„Das Geläut des Salzburger Domes besitzt die zweitgrößte Glocke des Landes und gilt als das klangschönste Geläut Österreichs. Die beiden historischen Glocken des Augsburger Bronzegießers Wolfgang II. (* um 1575, + Augsburg 1632) und Johannes Neidhart (*Augsburg um 1600, +Frankfurt/Main 1635) gehören zu den wertvollsten Klanginstrumenten ihrer Zeit. Sie überstanden die Glockeneinschmelzungen beider Weltkriege, von denen 1917 und 1945 auch der Salzburger Dom nicht verschont blieb."[39]

---

39 Katalog Dommuseum S 244, Nr. 34

Lange habe ich wegen der Musikbeispielauswahl mit mir 'gerungen', die Fülle wunderbarer Melodien 'erschlägt' den Hörer fast: Messen, Litaneien, Vespern, Oratorien, geistliche Singspiele, Kantaten und eine Menge kleinerer (von der zeitlichen Länge her gesehen) Kirchenwerke, darunter eben auch das *„Ave verum"*, - unbeschreiblich! Und in allen Stilen – ob italienisch, französisch, britisch – Barock, Rokoko, Gregorianik – war er „zu Hause" und schuf Meisterwerke – eins nach dem anderen. Da kann man beinahe die Übersicht verlieren. Aber gerade in der ***c-moll-Messe KV 427*** sind alle diese Stile vereinigt. Es ist kein Wunder, dass es später heißen wird, die große c-moll-Messe KV 427 sei der vielleicht treffendste Beweis für das innere Herzens-Verhältnis Mozarts zur Kirchenmusik (Einstein), während andere diese Komposition für seine ganz persönliche Auseinandersetzung mit Gott halten.

In seinen Briefen an den Herrn Papa, der in der Rangfolge seiner wichtigsten Persönlichkeiten nach Gott immerhin den zweiten Platz einnimmt, äußert er sich des öfteren sehr entschieden. Aber Vorsicht!

Gerade die uns bekannten Umstände, die zu der Komposition dieses großartigen, nicht vollendeten Werkes führten, lassen vermuten, dass Mozart ganz bestimmte Ziele verfolgte, die für uns – wie so oft bei Mozart - im Dunkeln bleiben.

So betrachte ich seine Aussagen skeptisch, für mich haben sie hin und wieder den Anschein, dass sie in erster Linie dem Papa zu Liebe und Gefallen so dick aufgetragen wurden. Wir wissen ja durch seine Briefe, wie geschickt er mit Worten und Sätzen zu komponieren wusste.

Trotzdem denke ich, dass seine Kirchenmusik auch Ausdruck seiner eigenen 'katholischen' Religiosität ist:

„Ich habe Gott immer vor Augen. Ich erkenne seine Allmacht, ich fürchte seinen Zorn, ich erkenne aber auch seine Liebe, sein Mitleiden und seine Barmherzigkeit gegen seine Geschöpfe.

Er wird seine Diener niemalen verlassen. "[40]

Aber wie das bei Mozart so ist, wir erkennen ihn in seiner verschlossenen Persönlichkeit nicht. Die versteckt sich ja hinter zahllosen Mythen und verzerrten Bildern. In ganz wenigen Momenten seiner Musik meint man, ihn greifen zu können, denn seine Musik gewährt nur ganz selten einen Blick in sein Inneres – aber im nächsten Augenblick zieht sich der Vorhang wieder zu. So können wir alle, die wir uns mit ihm intensiv beschäftigen, nur vermuten, bestenfalls ahnen, wie Mozart gefühlt und gedacht hat. Eines aber ist sicher, gleich in welcher schönen oder misslichen Lage sich Wolfgang Amadeo befand, aus allen seinen Werken, egal ob weltlich oder kirchlich, strahlt eine ungeheure Schaffensfreude.

„Der schönste Zug seines Wesens aber war die Freude. Mozart ist einer der wenigen Menschen, bei denen die Freude nicht aus dem Sieg oder dem Gewinn, sondern aus der Dankbarkeit entstand. Allerorten in seinem Werk tritt uns dieses wunderbare Gefühl entgegen – der freudvolle Dank an Gott für die Gabe des Genies."[41]

 Die Freude Mozarts 13.September 1898
Die Freude Mozarts, eine Freude, die man als dauerhaft empfindet; die Freude Schumanns ist fiebrig, man fühlt sie zwischen Schluchzen aufsteigen.
Die Freude Mozarts ist ganz Heiterkeit; und die Phrase seiner Musik ist wie ein ruhiger Gedanke; seine Einfachheit ist nichts anderes als Reinheit; sie ist ein kristallinisches Gebilde; alle Empfindungen spielen darin, aber so, als wären sie schon ins Himmlische übertragen.'Mäßigung besteht darin, gerührt zu sein wie Engel' (Jaubert) An Mozart muss man denken, wenn man das richtig verstehen will. An die Freude denken muss mein fortwährendes Bestreben sein."[42]

---

40 Brief an Vater, Oktober 1777
41 Heinz Gärtner „Mozart und der liebe Gott", S 19, Raffalt, Reinhard
42 Andrè Gide in„Kleine Geschichten für Mozartfreunde", Verlag Engelhorn

b) LARGO GLORIOSO
"Exultate jubilate! – Rokokohafte Verspieltheit mit
dämonischen Untertönen und Stilelementen

"Di opera zu mantua ist hübsch gewesen, sie haben den demtrio gespillet. Die prima Dona singt gut, aber still, und wenn man sie nicht agiren sehte, sondern singen nur allein, so meinete man, sie singe nicht, den den mud kan sie nicht eröfnen, sondern winselt alles her, welches uns ber nichts neues ist, zu hören. La seconda Dona macht ein ansehen wie ein granadierer, und hat auch eine starke stime, und singt wahrhaftig nicht übel auf daß daß sie daß erste mahl agiret. (…)
Lebe wohl, und küsse der mama in vece mia Tausend mal die Hände, massen ich bleibe dir bis in doth getruer Bruder Wolfgang De Mozart

Edler von Hochenthal

den 26. Jener 1770   *Freund Zauhlhausens.*

Interessant wie der 14jährige Mozart die Sängerinnen und Sänger beurteilt. Was würde er zu den heutigen Interpreten seiner Werke sagen? Würde er die Interpretation und Darbietung des "Exultate jubilate" durch Bernstein und Arleen Auger als angemessen und gut empfinden?
Ich denke: "**Ja**".

Frau Auger singt mit einer fast körperlich spürbaren Begeisterung. Freude und Spaß strahlen ihre Augen aus. Mühelos meistert sie die Koloraturen des dritten Teils. Es ist nicht übertrieben zu sagen, dass gerade in dieser schmuckvollen Kirche die Musik Mozarts mit der künstlerischen Ausgestaltung des Kirchenraumes zu einer Einheit verschmilzt, die alle Ausführenden und Zuhörer spüren.

Nun war natürlich die Umgebung, Salzburgs in der heiteren

Vielfalt des Barock und Rokoko mit dem Prunk liebenden Fürsterzbischof Sigismund von Schrattenbach für seine Schaffenskraft eine stete Quelle der Freude: Herrliche mit viel Gold- und Silberglanz ausgestattete Kirchenräume, das festliche Zeremoniell des katholischen Ritus, die prächtigen Prozessionen und Wallfahrten (Maria Plain), musikalische Eindrücke (Eberlin, Adlgasser und Michael Haydn) und die Kulisse der barocken Architektur. Der Dienstantritt des Erzbischofes Fürst Hieronymus von Colloredo 1772 grenzte seine Schaffensfreude in Salzburg mehr oder weniger aus, zeitigte aber später in den Werken seiner zehn Wiener Jahren unveränderte Frische, Originalität und Nähe zu seinem Gott, die keine konfessionelle Bindung bringen konnte.

HÖRBEISPIEL 2
Ein strahlendes Musikbeispiel, das die Freude des siebzehnjährigen Mozarts offenbart, ist die Motette „Exultate, jubilate" KV 165 vom 16. Januar 1773.

EXULTATE, JUBILATE KV 165 (158a)
Arleen Auger, Sopran – Symphonieorchester des Bayrischen Rundfunks
Leonard Bernstein – 14'24 – Text im Anhang

Mozart komponierte diese Motette Anfang des Jahres 1773 in Mailand, als er sich mit seinem Vater auf der dritten Italienreise befand. Er schrieb sie für den Soprankastraten Venanzio Rauzzini, dessen Stimmumfang, die virtuose Geläufigkeit und das strahlende Timbre den Anforderungen voll entsprach.
In der mehrsätzigen Anlage entspricht Mozarts Werk dem in Italien verbreiteten Typus der geistlichen Solokantate, wobei das abschließende 'Alleluja' zu den Bravourstücken der solistischen Kammermusikliteratur zählt.

Diese Motette mit ihrer reichen melodischen Empfindung,

47

mit dem sinnenfrohen diesseitigen Tonfall und der unbeschwerten, unbekümmerten Musizierfreude belegt eindrucksvoll, wie sehr der junge Wolfgang in der Lage war, alle musikalischen Eindrücke Italiens aufzunehmen und zu einem eigenen musikalischen Idiom zu bringen. Sie offenbart gleichsam exemplarisch den auch für den späteren Mozart charakteristischen Kirchenmusikstil, der in KV 427 den Höhepunkt erlebt.

Und – er macht auch hier keinen Unterschied zwischen weltlichem und geistlichem Ausdruck. Mit Freude an der musikalischen Wirkung und uns, den Hörern zum Genuss, gestaltete er dieses musikalische Kleinod!

Für Mozart war es – wir wir wissen - kein Widerspruch, weltliche Motive kirchlich und umgekehrt zu verwerten, denn für ihn waren zur keiner Zeit Trennungen möglich und denkbar, weil der Mensch aus seiner Sicht ein in der Welt stehendes Individuum war (ist), das ohne Bindung an den Glauben nicht denkbar ist! In aller rokokohaften 'Verspieltheit' ist sowohl die Dämonie als auch der Humor und die Freude Mozarts in seiner Kirchenmusik spürbar, die stets stilistisch geschlossen, verbindlich und auch persönlich erklingt. Sie ist dem Irdischen aufgeschlossen und dem Ewigen verbunden. Lebensfreude und religiöse Hingabe sind bei ihm keine Gegensätze, sondern bilden eine tiefgläubige Einheit.

Die Gläubigkeit Mozarts verbindet die Aspekte: Liturgischer Text > ausführender Mensch > empfangender Mensch – so miteinander, wie er es in seinen Opern auch tut. Mozarts Katholizismus ist süddeutsch, nicht protestantisch norddeutsch gefärbt. Um es noch einmal zu betonen: Der Rokokostil der Kirchenbauten Südbayerns und Ober- und Niederösterreichs ist eben ein 'jubilierender' Stil!

„Aber auch die besondere Spielart seines aufgeklärten, die

Freuden des Diesseits voll auskostenden Katholizismus zeigt ihn als eine allem Neuen, Zukunftsträchtigen gegenüber aufgeschlossene Persönlichkeit. [43]
Mozarts Kirchenmusik zeigt ein reiches Stil-Mosaik, es verbinden sich Züge des gregorianischen Chorals mit strengster Polyphonie, dazu kommen stellenweise opernhafte Elemente, die so manchen Bewunderer des übrigen Werkes Mozarts erstaunt und abgeschreckt haben.

Dennoch – auch seine Messen sind stilistisch geschlossen, verbindlich und persönlich. Sie weisen jene Übereinstimmung von Inhalt und Form auf, die bei unserem Komponisten immer wieder überrascht und eines der tiefsten Geheimnisse seines Schaffens ist: sie sind im Irdischen aufgeschlossen und durchleuchten es zugleich in einem naiven, aber überwältigenden Glauben vom Ewigen her. Dass Mozart die unbefangene Lebensfreude und die religiöse Hingabe nicht als Gegensätze empfunden, sondern zu einer menschlichen und künstlerischen Einheit versöhnt hat, macht das Besondere seiner Kirchenmusik aus.

„Und zwischen den lateinischen Messen Mozarts nehmen sich die beiden einfachen deutschen Kirchenlieder KV 343*, die er vermutlich für das projektierte Gesangbuch komponiert hat, mit ihrem protestantischen Gerüchlein sonderbar genug aus." [44]

5. Kapitel

---

43 W.A.MOZART – Briefe – Henschelverlag Berlin 1989, S 402
44 Alfred Einstein: „Mozart", Ffm 1968, 44
*„O Gottes Lamm", F-Dur – KV 343a und „Als aus Ägypten", C-Dur KV 343b

PASTORALE CANTABILE
tempo rubato, prestissimo da capo

"Ich bitte alle Tage Gott, daß er mir die Gnade gibt, daß ich hier standhaft aushalten kann; daß ich mir und der ganzen deutschen Nation Ehre mache, indem alles zu seiner größten Ehre und seinem Ruhme ist, und daß er zuläßt, daß ich mein Glück mache. Sein Wille geschehe, wie im Himmel also auch auf Erden."
Paris, Mai 1778

Im folgenden Briefwechsel zwischen Leopold und Wolfgang in der Mannheimer/Pariser Zeit (1777 – 1778/79) und Schreiben an andere Adressaten kommen einige Aspekte der Frömmigkeit Mozarts und seines Glauben zum Tragen.

Leopold am 04.12.1777
„Dass alles nach dem Willen Gottes gehen wird und muß, wird kein vernünftiger Mensch, will nicht sagen Christ, leugnen. Folgt aber daraus, dass wir blind dahin handeln und für alles ohnbesorgt leben, keine Anstalten treffen und nur abwarten sollen, bis etwas oben von sich selbst und die vernünftige Welt von uns, daß wir bey all unsern Handlungen die Folgen und das Ende nach unsern menschlichen vernunftkräften zu überlegen und so viel uns möglich vorauszusehen uns bemühen sollen?"

Wolfgang:
„Gott hat es so haben wollen, bedencken sie nur diese gar zu gewisse Wahrheit, daß sich nicht alles thun lässt, was man im Sinn hat."

Leopold:
„Gott wird vorsehen! Wir Menschen müssen aber auch Nachdenken und bey dieser Welt wird man durch den geraden Weg allein an einem Hofe nicht weit kommen."

Wolfgang: 14.02.1778

„Ich habe mein vertrauen zu Gott, der wird schon uns nicht verlassen. Nur geduld, hoffen wir auf Gott – ich bitte ihn um das was ich glaub dass mir und uns allen Nützlich ist, setze aber allzeit dazu: herr, dein Wille geschehe im Himmel und auf Erden. Wir Menschen glauben oft, das sey übel, und am Ende – ist es doch gut, gott weiß es immer am besten, wie es seyn muß."[45]

In einem weiteren Brief an den Vater vom 4. Februar 1778 schreibt er:

„Monsieur mon trés chér Pére!

(...) Ich kenne mich, ich weiß, daß ich so viel Religion habe, daß ich gewiß niemals etwas thun werde, was ich nicht im stande vor der ganzen welt zu thun; ...(...) freunde, die keine Religion haben, sind von keiner Dauer!"

Anfang März 1778

„Ich hoffe auf Gott, ich bitte ihn allzeit um das, was ich glaube, daß mir und uns allen möglich ist, setze aber allzeit dazu: Herr, Dein Wille geschehe wie im Himmel also auch auf Erden. Wir Menschen glauben oft, das sei übel und am Ende ist es doch gut. Gott weiß es immer am besten, wie es sein muss."

Wien, den 5. Dezember 1781

„Ich soll denken, daß ich eine unsterbliche Seele habe. Nicht allein denke ich das, sondern ich glaube es. Worin bestünde sonst der Unterschied zwischen Menschen und Vieh?"[46]

Anfang Juli 1778 schrieb er ahnungsvoll:

---

45 Heinz Gärtner: MOZART und der liebe Gott", S 120 f
46 Alle Beispiele W.A.Mozart „Das Zauberreich meines Lebens" Heliöpolis-Verlag Tübingen, gesammelt von Dr. H.W.Bär
(Rechtschreibung weitgehend beibehalten.)

"Meine liebe Mutter ist sehr krank. (...) Ich habe mich aber ganz in Gottes Willen gegeben (...) weil ich weiß, daß es Gott, der alles, wenn es uns noch so quer vorkommt, zu unserm Besten anordnet, so haben will. Denn ich glaube (...), daß kein Doktor, kein Mensch, kein Unglück, kein Zufall einem Menschen das Leben geben oder nehmen kann, sondern Gott allein. Das sind nur die Instrumente, deren er sich bedient und auch nicht allzeit. (...) Wenn einmal die Zeit da ist,so nützen alle Mittel nichts, sie befördern eher den Tod, als daß sie ihn verhindern."

Das ist fast eine prophetische Aussage Mozarts, denn wir wissen um die Umstände, die zu seinem Tod führten. In und mit diesen Worten findet er aber Trost

An Abbé Bullinger in Salzburg – Ausschntte

Paris ce 3 julliet 1778
Allerbester freund!
F ü r   s i e   g a n z   a l l e i n

Trauern sie mit mir, mein freund! - Dies war der Traurigste Tag in meinem leben – dies schreibe ich um 2 uhr nachts – ich muß ihnen doch sagen, meine Mutter, meine Liebe Mutter ist nicht mehr / - gott hat sie zu sich berufen . er wollte sie haben, das sehe ich klar – mithin habe ich mich in den wilen gottes gegeben – Er hatte sie mir gegeben, er konnte sie mir auch nehmen – (...)

Im weiteren Verlauf bittet er den Abbé, die Nachricht seinem Vater und seiner Schwester zu überbringen. Er weist noch drauf hin, dass die Mutter die Sterbesakramente empfangen hatte Er habe gleichzeitig seinen Vater unterrichtet – aber nur, dass die Mutter schwer erkrankt sei. Er solle auch nur sagen, dass die Mutter wohl sterben müsse.

Er schließt:

Erhalten sie bitte meinen lieben vatter, und meine liebe schwester. Geben sie mir gleich antwort ich bitte sie. - Adieu, ich bin dero

> *gehorsamster dankbarste Diener*
> *wolfgang Amadé Mozart*

An den Vater: (Ausschnitte)

Paris ce 9 juillet 1778

Monsieur - mon trés cher P're!

Ich hoffe sie werden bereitet seyn, eine der traurigsten und schmezhaftesten nachrichten mit standhaftigkeit anzuhören – sie werden durch mein letztes vom 3ten in die lage gesezt worden seyn, nichts gutes hören zu dürfen – den nemlichen Tag den 3ten ist meine Mutter abends um 10 uhr 21 minuten in gott selig entschlafen; - als ich ihnen aber schriebe, war sie schon im genuß der Himmlichen freuden – alles war schon vorbey - ich schreibe ihnen in der Nacht ich hoffe sie und meine liebe schwester werden mir diesen kleinen aber sehr notwendigen betrug verzeihen – denn nachdemm ich nach meinen schmerzen und traurigkeit auf die ihrige schloss, so konnt ich es ohnmöglich übers herz bringen, sie sogleich mit dieser schröcklichen nachricht zu überraschen. (...)

Er spricht weiter davon, wie sehr er litt und es nur der Gnade Gottes zu verdanken sei, dass er alles überstanden hat. Er habe sehr viel geweint, und das Weinen empfiehlt er als Tröstungsmöglichkeit, aber wenn man bedenke, *"dass es der Allmächtige got also hat haben wollen,"* könnte auch dieses Wissen ein Trost sein. Er dreht und windet sich, schreibt und tröstet, schreibt und mahnt, stellt alles in Gottes Hand: *"Nun, der göttliche, allerheiligste willen ist vollbracht – betten wir also einen andächtigen vatter unser für ihre Seele – und schreiten wir zu anderen sachen, es hat alles seine Zeit!".*

Und schließlich benötigt er viel Platz um zu bezeugen, dass er sich um Vater und Schwester sorgt, und dass er aber auch auf ihre Hilfe hofft – als Sohn und Bruder, denn dann *"könnten sie sich zusammen gänzlich in willen des herrn geben, sich ihm von ganzen herzen vertrauen, in der vollen überzeugung, daß er alles zu unsern besten anordnet."(...)*

"... dann wollen wir so ruhig, so Ehrlich, so vergnügt, (wie es auf dieser welt möglich ist) leben – und Endlich wenn gott will, dort wieder zusamm kommen – wofür wir bestimmt, und erschafen sind - .... "

Da scheint ihn doch das Gewissen zu plagen, hatte er doch in Mannheim und Paris nicht allzu viel Zeit für seine Mutter abzweigen können.

Die Briefe – auch an Abbé Bullinger – sind mehr oder weniger Versuche, das Geschehene zu verdrängen, um wieder in den normalen Lebensablauf zurück zu kehren.

Mozart greift auch gern auf Gott zurück, wenn er seinem Vater gegenüber seine musikalischen und besonders seine menschlichen Bedürfnisse und Schritte 'verteidigt'.

Im August 1782 schildert er die mit Constanze verbrachten Stunden in der 'Heiligen Messe', beim Beichten und kommunizieren:

"Ich habe gefunden daß ich niemalen so kräftig gebetet, so andächtig gebeichtet und Communiciert hätte als an ihrer Seite; und so gieng es ihr auch; - mit einem Wort, wir sind für einander geschaffen und Gott, der alles anordnet und folglich dieses auch also gefügt hat, wird uns nicht verlassen."[47]

---

47 Mozart wird zitiert: 1. aus "Das Zauberreich meines Lebens" in seiner' Originalrechtschreibung' und 2. "W.A.M. Briefe Henschel-Verlag – Rechtschreiben bereinigt

INTERMEZZO IV

„Rondieaoux – Allegretto gracioso, ma non troppo presto, pero non troppo adagio, Cosi – cosi – con molto garbo ed espressione.[48]

Übersetzt: Anmutig bewegt, aber nicht zu langsam, eben so – so – mit viel Feuer und Ausdruck.

"MOZARTs HANSWURSTIADEN"

Mozart an Leopold 26.09.1777

"Ich bin immer in meinem schönsten Humor. ... mir ist so federleicht ums herz, seit dem ich von dieser Chicane weg bin!.. ich bin auch schon fetter!"

Ich wage den Versuch, das ,funkensprühende Wesen' des Komponisten, sein Gespür für die ,damaligen Schlager', für den Zeitgeschmack: bodenständig und komisch – aber auch seinen Sarkasmus, der sehr verletzend sein konnte, aufzuzeigen. Ein schwieriges Vorhaben.

Es geht letztlich um das Genie Mozart und damit um einen sehr speziellen, individuellen Humor – um den sehr persönlichen Humor des Wolfgang Amadeo, Amadé (Amadeus) Mozart! - alias ROMATZ, alias TRAZOM!

Mozart gibt sich aber nicht als einheitlicher, geschlossener in sich ruhender Charakter zu erkennen, sondern als eine Gestalt, die aus vielen, sehr unterschiedlichen Figuren gleichzeitig besteht. Das Zentrum seines Wesens ist kaum zu bestimmen. In unendlich vielen – auch widersprüchlichen Erscheinungen – hat er existiert. Diese Widersprüchlichkeit hat aber nichts mit Zerrissenheit zu tun, sondern mit (überbordender) Lebensfülle, die sich manchmal, in geradezu brennender Intensität, als Lebensgier äußert.

---

48 Mozart höchstpersönlich - KV 298, 1786/87 Quartett Nr. 4 – 3. Rondieaoux –Allegretto

Was uns folglich auffällt, ist das Vexierhafte (irreführende) seiner Existenz. Er konnte sich in der Rolle des Narren ("Hanswurst") wohlfühlen – auf die ihn der Film „**Amadeus**" verkürzt hat, er konnte sich lebenserfahren und klug geben – weltklug – was **Amadeus** ausgeklammert hat, er konnte ein leidenschaftlich Liebender und dabei höchst ernsthafter Mensch sein – was die Holzschnittperspektive des **Amadeus** nicht auszudrücken vermochte, er konnte aber auch ein bitterböser Kritiker sein – was im **Amadeus** angedeutet wird.

Im musikalischen Genre fühlte er sich so sicher, dass er seinem Vater bekannte, jeden Komponisten seiner Zeit mühelos kopieren zu können. Dieses imitatorische Talent pflegte er auch im privaten Leben.

Hat Forman übertrieben, als er Mozart als den Dauerkicherer und Clown agieren ließ?

"Milos Forman zeigt, dass ein Ausnahmetalent und hohe Kunst einerseits und die Menschlichkeit in all ihren Facetten andererseits keine unvereinbaren Kontraste bilden. Dass ein gottbegnadeter Künstler nicht unbedingt eine Person ist, die strengen Kanonen der Moral entspricht. Eine Phrase, die Formans Mozart dem österreichischen Kaiser sagt, lautet:

'Eure Majestät, - selbst mag ich ein vulgärer Mensch sein, aber meine Musik nicht, sie ist nicht vulgär'.

Das Leben eines Genies hat einen Außenschein durch seine Kunst, aber es gibt noch sein Leben als Mensch, verschiedene Seiten seines Charakters, die oft unterschätzt werden. Und wenn wir bei einer Auseinandersetzung mit Mozarts Musik diese Seiten seines Charakters ausklammern und sie ihm absprechen, dann lassen wir seine Person blass, banal und vergleichsweise uninteressant erscheinen. Mozart hat doch so viel freudige Musik komponiert – so spiellustig, witzig, ausgelassen und auch frech, dass es unmöglich erscheint, dass diese Musik von einem puritanischen, in allen Hinsichten „vorbildlichen" Menschen komponiert wurde.

Zahlreiche Figuren in Mozarts Opern sind lebendige Beweise dafür, dass der Komponist diese Charaktere nicht abstrakt-neutral gestaltete, sondern aus seiner eigenen inneren Welt heraus schuf.

Wenn wir annehmen, dass Mozart neben seiner Tiefgründig-keit auch die humorvolle Natur des Figaro und die Frechheit, das Ego und die bahnbrechende Energie des Don Giovanni in sich trug, dann erleben wir einen anderen Mozart. Es wird keine raffinierte und nur in den Höhen schwebende Klassik mehr, sondern eine wahnsinnig interessante, lebenszuge-wandte und spannende Musik mit zahlreichen Kontrasten, Höhen wie auch Tiefen – anders gesagt, mit allem, was ein Menschenleben enthält.

Wenn Mozart nicht unnötig vergöttert und in eine Museums-figur verwandelt, sondern gerade als menschliche Natur wahrgenommen wird, dann wird seine facettenreiche Musik noch Jahrhunderte später immer wieder begeistern und be-wundert werden.

Es ist doch so viel wahres Leben in diesen Tönen!"[49]

Borchmeyer ordnet die vielen verbalen Nonsensverse, die immer wieder auftauchenden Wortspiele, die parodistischen Verse und Reime, die unter die 'Gürtellinie' rutschenden Briefstellen (Bäsle-Briefe) als verbale "Hanswurstiaden" in die Schublade eines "Sprachspielers" ein.[50]

Der "Hans Wurst" (Hanswurst) war der deutsche Prototyp der komischen Figur oder auch "lustigen Person". Die Figur entstand aus der Verschmelzung verschiedener Bühnenge-stalten: z.B. der täppische Bauer der Fastnachtsspiele, der Pi-ckelhering der englischen Wanderbühnen, der Arlecchino der Commedia dell'Arte. Als Name erscheint 'Hans Worst' zuerst

---

49 Text: Dr. Roman Salyutov, 2016, aus dem Internet
50 Dieter Borchmeyer: "Hanswurstiaden", in "Mozart Experiment Aufklärung" Seite 503 ff

in der niederländischen/deutschen Übersetzung von S. Brants "Narrenschiff" (1519). Als Gestalt auf deutschen Bühnen war er im 17. und 18. Jahrh. populär, wurde in der Früh-Aufklärung von Gottsched bekämpft, im Theater der Aufklärung in zivilisierter Form als **Harlekin** wieder eingesetzt und vom Schauspiel des "Sturm und Drang" wieder mit komisch-derben Zügen ausgestattet.[51]

Nicht zuletzt dürfte es Goethe zu verdanken sein, dass der Hanswurst sozusagen rehabilitiert wurde. "Die von Zoten und Flüchen gereinigte Bühne droht in Langeweile zu versinken" beklagt der Marktschreier in seinem Jahrmarktsfest 1773.

In vielen Kanons, deren Texte später manchmal "bereinigt" wurden, Gesangsszenen und Briefen benutzte er die skatologische[52] Ausdrucksweise sozusagen für den "privaten Gebrauch" und bewegte sich dabei durchaus in "guter Gesellschaft", denn auch die "Höheren Kreise" waren dieser Ausdrucksweise von *Sauschwanz* bis *Scheisdreck* mächtig! Wie geschickt, phantasievoll und meisterhaft Mozart diese Fäkalsprache benutzte und die Texte komponierte, bezeugen die Bäsle-Briefe wie auch die späten Briefe an seine Constanze. Im literarischen Bereich hätte Mozart durchaus als Satiriker reüssieren können. Wir alle, die wir uns mit Mozarts poetischen Ergüssen beschäftigen, bedauern, dass z.B. die Szene *"Die Liebes-Probe"* als Lustspiel aus Mozarts Feder nicht vollendet wurde.

Was spricht nun für die Annahme, dass Mozart auch am Gilles-de-la-Tourette-Syndrom erkrankt gewesen sein könnte? Aufschluss über die bei Mozart möglicherweise vorliegenden Symptome geben nach Meinung verschiedener Fachleute Textstellen aus Mozarts Briefen sowie mündliche Wiederga-

---

51 **WELTLEXIKON Band 8, Seite 119/120**
52 skatologisch: eine auf den Analbereich bezogenen Ausdrucksweise (DUDEN)

ben und schriftliche Berichte seiner Bekannten und Zeitgenossen.

Gerade die "Bäsle-Briefe", in denen Mozart Kraftausdrücke in verschiedenen Wortkombinationen "komponiert", glaubte man als Beweis für das Krankheitsbild des Tourette-Syndroms bei Mozart anführen zu müssen. Sicher ist, dass bei diesem Krankheitsbild nicht nur motorische, sondern auch sprachliche "Tics" zu finden sind, die gelegentlich in eine "Coprolalie" (Wortschatz, der sich der menschlichen Exkrementen bedient) ausarten.

Caroline Pichler (1769 - 1843), eine Dichterin und Journalistin, die so einige Anekdoten zu Mozarts Leben beisteuerte, wird mit einer Geschichte über die "närrischen Launen des Komponisten" immer wieder als Beweis zitiert. „Als ich einst am Flügel saß und das Non miu andrai aus Figaro spielte, trat Mozart hinter mich, und ich mußte es ihm wohl Recht machen, denn er brummte die Melodie mit. Plötzlich aber rückte er sich einen Stuhl heran, setzte sich, hieß mich im Basse fortspielen und begann so wunderschön aus dem Stegreife zu variieren, daß Alles mit angehaltenem Atem den Tönen des deutschen Orpheus lauschte. Auf einmal aber ward ihm das Ding zuwider, er fuhr auf und begann in seiner närrischen Laune, wie er es öfters machte, über Tisch und Sessel zu springen, wie eine Katze zu miauen und wie ein ausgelassener Junge Purzelbäume zu schlagen...."[53]

Nach ihrer Aussage ist das ein Verhalten Mozarts, 'das er öfters machte und eben eine närrische Laune sei'.

So schwanken die Meinungen und "Forschungsergebnisse" hin und her. Seltsame Ergüsse wie z.B. in einem Brief an Constanze (5.7.1791) *"Stu! - Knallerpaller – schnip – schnap – schnur _ Schnepeperls mai – fang auf – fang auf – bi – bi – bi – 3 busserl, zuckersüße fliegen daher!"* auf der einen Seite und *"Noch einmal möchte ich doch meine Zau-*

---

53 Neumayer: Musik & Medizin, Seite 86

berflöte hören: Der Vogelfänger bin ich ja ...!" auf der anderen. (Wien, den 3. Dezember 1791) oder in einem Brief an seine Cousine, das Bäsle: *"Ich scheiße schon seit 20 Jahren aus dem nämlichen Loch und ist doch noch nicht verrissen.* Andere Stelle: *"Leck mir den Arsch fein recht schön sauber."* und das Gegenteil: *"Wien, den 5. Juli 1791 – Liebstes, bestes Weibchen! Sei nicht melancholisch, ich bitte Dich! Ich hoffe, Du wirst das Geld erhalten haben; - für Deinen Fuß ist es doch besser, Du bist noch in Baaden, weil Du da besser ausgehen kannst. Ich hoffe, Dich am Samstag umarmen zu können, vielleicht eher; (...) Ich habe mir vorgenommen, in Deinen Armen auszuruhen; ich werde es auch brauchen. (...)*

Zwei Tage später: *"Ich kann Dir meine Empfindung nicht erklären, es ist eine gewisse Leere, die mir halt weh tut, ein gewisses Sehnen, welches nie befriedigt wird (...) und von Tag zu Tag wächst.*

Gehe ich ans Klavier und singe etwas aus der Oper, (Zauberflöte) *so muß ich gleich aufhören – es macht mir zu viel Empfindung."*[54]

Natürlich sind die Kraftausdrücke, die Mozart vor allem in seinen Bäsle-Briefen verwendet und in verschiedenen Wortkombinationen einbaut, oberflächlich betrachtet, überraschend und verstörend. Man glaubte absurderweise, dieses seltene Krankheitsbild, das man im 18. Jahrh. noch gar nicht diagnostizieren konnte, auch Mozart zuordnen zu können. Vielleicht, aber nur ganz vorsichtig angenommen, litt Mozart an diesem eigenartigen Tourette-Syndom – was unter Umständen die Zappeligkeit, die manchmal kindlich naive Heiterkeit, die Koprolalie[55] und das unwillkürliche Kichern erklären würde --- aber niemals den "Don Giovanni" oder "Die Zauberflöte"!

---

54 "Im Zauberreich meines Lebens" – S 211
55 Koprolalie, *die,* krankhafte Neigung zum Aussprechen
    unanständiger, obszöner Wörter – meist aus dem analen Bereich

Ob Wolfgang Hildesheimer mit seiner Feststellung **"Mozarts Heiterkeit war der hektische Lebenshunger des Todgeweihten"** richtig liegt, sei dahingestellt.

Wie das so ist! Wir wissen zwar viel – aber mit all unserem Wissen über Mozarts Leben und seine Musik kommen wir vielleicht dem Rätsel näher, aber nicht der Lösung. Wir wissen auch, dass wir seiner Musik beileibe noch nicht alle Geheimnisse entrissen haben. Mozarts Charakter verbirgt sich hinter seinen Schreibereien und hinter seiner Musik, die auch schonungslos und hasserfüllt sein kann Dabei denke ich z.b. an den Freystädter-Kanon und an die Persiflage einer Provinz- also Dorfkapelle im *"Musikalischen Spaß!"*

Ich persönlich glaube nicht an dieses Tourette-Syndrom bei Mozart. Vielmehr denke ich daran, dass in den verschiedenen altersbedingten Entwicklungsphasen seines Charakters wesentliche Faktoren zu finden sind, die das uns bekannte Bild prägen. Da ist z.B. die Tatsache, dass Mozart niemals Kind sein konnte. Da sind die langen Reisen in den frühen Kinderjahren, die mannigfaltigsten Erkrankungen, die ihre Spuren hinterließen, die oft nicht kindgemäßen Ernährungsgewohnheiten (z.B. Wasser statt Milch, Säuglinge wurde nicht gestillt) und die oft sehr burschikose ärztliche Betreuung. Bei der Formung seiner Persönlichkeit dürfte die Mutter eine größere Rolle gespielt haben, als wir meinen. Es ist fast so, wie es Goethe für sich in Worte fasste:

"Vom Vater hab' ich die Statur, des Lebens ernstes Führen,

von Mütterchen die Frohnatur und Lust zum Fabulieren."

Wobei bei Frau Mozart der derbe Humor und eine ausgeprägte Spottlust als Familienerbe deutlich wurde.

Von Mozart wurde gesagt, er sei zeitlebens ein Kind geblieben.

Schlichtegrolls Nekrolog (1791)[56] führt aus: **"Er wurde früh in seiner Kunst ein Mann: in allen übrigen Verhältnissen aber blieb er beständig ein Kind,"** und im 31. Kapitel des 2. Bandes der *"Welt als Wille und Vorstellung" (zweite Auflage 1844)* spricht Schopenhauer über Wesen und Eigenschaften des Genies: **"Wirklich ist jedes Kind gewissermaßen ein Genie, und jedes Genie gewissermaßen ein Kind. Die Verwandtschaft beider zeigt sich zunächst in der Naivität und erhabenen Einfalt, welche Grundzug des echten Genies ist: sie tritt auch außerdem in manchen Zügen an den Tag; so daß eine gewisse Kindlichkeit allerdings zum Charakter des Genies gehört."[57]** (...)
Wer nicht zeitlebens gewissermaßen ein großes Kind bleibt, sondern ein ernsthafter, nüchterner, durchweg gesetzter und vernünftiger Mann wird, kann ein sehr nützlicher und tüchtiger Bürger dieser Welt sein, nur nimmermehr ein Genie."
Diese Erklärung kann ich nachvollziehen und akzeptieren.

Mit einem Zitat Borchmeyers möchte ich das Kapitel beschließen:
"Das humoristische Aufbegehren des Dieners gegen die Herrschaftsordnung und gegen die Etikette, die sie stützt, und der Stolz der komischen Figur auf ihre heimliche Überlegenheit stecken zweifellos auch in den Harlekinspäßen Mozarts, mit denen er sich angesichts der Herabsetzungen, die er sich in der höfischen Gesellschaft gefallen lassen musste, poetisch schadlos zu halten versuchte. Mozarts Umgang mit der Sprache und der Poesie verrät den Komponisten in fast jeder Zeile. Dass er in seinen Briefen immer wieder grammatikalische Spielereien nach Art von Kompositionstechniken wie Umkehrung und

---

56 Nekrolog: mit einem kurzen Lebensabriss verbundener Nachruf auf einen Verstorbenen ("Über Mozart" Seite 123
57 a.a.O. S 123

Krebs betreibt, literarische Spannungen wie musikalische aufbaut, mit Wort- und Satzostinati operiert etc., verwandelt seine Briefprosa nicht selten in Sprachmusik."[58]

Bitte weiter lesen, der folgende Text ist tatsächlich Original Mozart!

"Jetzt wünsche ich eine gute Nacht, scheißen Sie ins Bett daß es kracht, schlafen's gesund, recken's den Arsch zum Mund, leben Sie recht wohl, ich küsse Sie zehntausendmal und bin wie alle Zeit der alte junge Sauschwanz Wolfgang Amadé Rosenkranz".
Mozart: Brief vom 5.11.1777 an das "Bäsle"

---

58   Dieter Borchmeyer: "Mozarts Hanswurstiaden", S 503 in "Mozart – Experiment Aufklärung

Kapitel 6: a)
LARGHETTO GRAVE
accelerando
Mozarts Einstellung zu seinem Glauben und die Auswirkungen auf den "Mozart-Gläubigen"

vienne ce 15 de Dechre 1781
Mon trés cher Pére
(...) - ich bitte sie aber, liebster, bester vatter, hören sie mich an! - Ich habe ihnen mein Anliegen entdecken müssen, nun erlauben sie auch, daß ich ihnen meine ursachen und zwar sehr gegründet entdecke. Die Natur spricht in mir so laut, wie in Jedem anderen, und villeicht lauter als in Manchem große limmel. Ich kann ohnmöglich so leben wie die Meisten dermaligen Jungen leute. - Erstens habe ich zu viel Religion , zweytens zu viel liebe des Nächsten und zu Ehrliche gesinnungn als daß ich ein unschuldiges Mädchen anführen könnte, und drittens zu viel grauen und Eckel, scheu und forcht vor die krankheiten, und zu viel liebe zu meiner gesundheit, als daß ich mich mit hurren herum balgen könnte, (...)
Im weiteren Verlauf des Briefes erklärt er seinem Vater, wen er und warum zu heiraten gedenkt, beschreibt seine Constanze und meint *"ein lediger Mensch lebt in meinen augen nur halb, ich hab halt solche augen, ich kann nichts dafür. (...) o mein bester vatter, ich könnte ganze bögen voll schreiben, wenn ich ihnen all die auftritte beschreiben sollte ... "*
Mit vielen Worten, bildlichen Beschreibungen und Vergleichen versucht er seinem Vater klar zu machen, dass er mit seiner Constanze ihr gemeinsames Leben im Sinne der Vorschriften - vor allem der katholischen Kirche – gestalten will. Er wird auch nicht müde, in weiteren Briefen darauf hinzuweisen, wie glücklich er durch Constanze sei, denn *"sie ist ein Ehrliches, braves Mädchen, von guten Eltern (...) wir*

lieben uns – und wollen uns ... "[59]

Was ich in all den Jahren beim Studium der Musik und des Lebens Mozarts erfahren konnte, weist darauf hin, dass Wolfgang Amadé ein gläubiger, seine Religion wenig ausübender und der Institution „Katholische Kirche" zunehmend kritisch gegenüberstehender 'katholischer' Christ gewesen war. Aber wie bei Mozart generell, wird auch sein Glaube für uns stets ein Geheimnis bleiben.

In seiner Lebensgeschichte fällt aber auf, dass nach seiner Salzburger Zeit nur noch wenige Kompositionen für den kirchlichen Raum entstanden sind. Natürlich hatte er nach dem Bruch mit dem Salzburger 'Großmufti'[60] in der Wiener Zeit kaum Aufträge für Kirchenmusik.

Und so ist es wenig erstaunlich, dass auch die beiden großen c-moll-Kompositionen dieses Lebensabschnittes, die Messe KV 427 (sozusagen eigener Auftrag) und das Requiem KV 626, (eine Auftragsarbeit für den Grafen Walsegg-Stuppach) unvollendet geblieben sind, „*Fragmentarisch wie sein Glaube und seine religöse* Praxis." Peter Paul Kasper [61], den ich im folgenden zitiere:

„Für den heutigen 'Mozart-Gläubigen' ist es nicht mehr notwendig an Gott zu glauben, wie es noch Mozart selbstverständlich war. Nach der romantischen Emphase, in der man das Göttliche aus Mozarts Klängen zu vernehmen meinte, in der man das so genannte 'Genie' als Zentrum einer neuen Religion erkannte, hat sich der Nebel gelichtet: Es geht nicht mehr um das Religiöse in der Musik, sondern nur mehr um die Musik.(...) Die Recherche in der persönlichen Religiosität Mozarts erweist sich als überflüssig, sie verspricht keinen zusätzlichen Erkenntnisgewinn, wenn es um Mozarts Musik geht.
Mozarts Musik muss nicht theologisch gedeutet, theolo-

---

59 Vienne de 31 Julliette 1782
60 Mozarts Bezeichnung des Erzbischofs Hieronymus von Colloredo
61 Katalog DOMMUSEUM ZU SALZBURG, S 26 ff,

gisch aufgeladen, theologisch begründet werden. Dieser Verzicht macht Mozart und seine Musik weder reicher noch ärmer, aber erhebt sie vom Objekt zum Subjekt. Und Mozart selbst darf wieder sein, was er war: ein hochbegabter und deshalb auch ein hochgefährdeter Mensch, mit all seinen Schwächen und Verletzlichkeiten, und vor allem: nicht vollendet. Denn Vollendetes gibt es – wenn überhaupt – erst in einer anderen Welt."

Mozart erlebte seine Zeit mit wachen Sinnen, er kannte die geistigen Strömungen nicht zuletzt durch seine Freimaurer-Mitgliedschaft in der „Loge zur Wohltätigkeit", der wichtige Persönlichkeiten seiner Zeit angehörten. In "Bruder Mozart"[62] heißt es:

"Mozart ist zweifellos ein gläubiger Mensch, aber der zornige Gott des AT und der Erlöser des NT's sind dem großen Baumeister der Welten gewichen, der einen neuen Blick auf das Sein und Dasein ermöglicht. Mozart wendet sich dem Menschen zu und wird so fähig, die schönste geistliche Musik zu schaffen, die man sich vorstellen kann: KV 618 "AVE VERUM". Ihm antwortet nur wenig später der Chor der Priester in der "Zauberflöte!"

Durch Mitgliedschaft bei den "Freien-Maurern" wuchs der ursprünglich streng katholisch erzogene Mozart immer mehr in eine freie Geisteshaltung hinein. Diese tauschte die Heilslehre der Kirche gegen eine Einstellung, die den Tod in das Leben einbezog, aus. Diese Haltung begriff das Leben als eine Verpflichtung zu Güte, Menschlichkeit, brüderlicher Gesinnung und einer ethischen Haltung, die – man könnte sagen – auf dem Kategorischen Imperativ Kants fußte.

„Handle so, dass die Maxime deines Willens jederzeit zugleich als Prinzip einer allgemeinen Gesetzgebung gelten könne."

---

62 Guy Wagner: "Bruder Mozart", Seite 129

6 b

MODERATO SENTIMENTO

Das Kyrie aus KV 427 – für die heutige Zeit bedeutsam

"wegen meinem Seelenheyl seyen sie ohne sorgen, mein bester vatter! - ich bin zwar ein fähiger Junger Mensch wie alle andere, und kann zu meinem trost wünschen daß es alle so wenig wären wie ich. - sie glauben vielleicht sachen von mir, die nicht also sind; - der hauptfehler bey mir ist daß ich nach dem scheine nicht allzeit so handle, wie ich handeln sollte. - daß ich mich geprahlt hätte – ich Esse alle fast-täge fleisch, ist nicht wahr, aber gesagt habe ich daß ich mir nichts daraus mache, und es für keine sünde halte; denn fasten heisst bei mir sich abrechen; weniger essen als sonst. - Ich höre alle sonn- und feyertäge Meine Messe und, wenn es seyn kann, die werktäge auch, das wissen sie, mein vatter. (…) übrigens seyn sie versichert daß ich gewis Religion habe – und sollte ich das unglück haben, Jemals (was Gott verhüten wird) auf seiten weege zu gerathen, so spreche ich sie, meine bester vatter aller schuld los. - denn, nur ich allein wäre der schurke – ihnen habe ich alles gute so wohl für mein zeitliches als auch geistliches wohl und heyl zu verdanken."[63]

Das KYRIE der c-moll-Messe KV 427 regte mich zu den folgenden Überlegungen an, die – so meine ich – Mozart in der heutigen Zeit sicherlich mindestens ähnlich sehen würde.

<u>HÖRBEISPIEL 3</u>
KYRIE aus KV 427 (I) –

---

63 Mozart an Leopold, 13.Juni 1781

67

KYRIE ELEISON – Herr, erbarme dich unser

--- Wie lange noch? ... Wie viel an Zeit bleibt mir noch... ein halbes Jahr? ... ein Jahr? ... zwei, drei oder mehr Jahre? ---

Im 85. Lebensjahr stehend, ist es an der Zeit, diesen Gedanken einen Platz im Alltag zuzuweisen und einzuräumen.

„ Wie hast du es mit der Religion?", fragt Gretchen Faust!

Ja, wie habe und halte ich es mit der Religion?

Ist für mich heute – im Jahre 2019 – Religion, der Glaube noch mit der Institution „Katholische Kirche" gleich zu setzen?

Hat die römisch/katholische Kirche durch das sture Festhalten an haarsträubenden Konventionen und durch die unsäglichen Missbrauchsgeschichten, die mich so überrascht, beschämt und erschüttert haben und auch 2019 kein Ende finden, bei mir ihren Anspruch auf Glaubhaftigkeit verspielt?

Ungläubig stehe ich vor einem Scherbenhaufen menschlicher Unzulänglichkeiten und suche mühsam nach Erklärungen für diese Entgleisungen.[64]

Ich finde keine und rette (flüchte) mich zur Musik und frage mich:

Ist für mich M u s i k Religion --- MUSIK --- d i e Religion? - In erster Linie religiöse Musik? - Und hier bevorzugt MOZARTS Musik? [65]

Was lässt mich zögern? Warum gibt es kein klares Ja - oder Nein - oder vielleicht?

Kann die Musik oder eine andere Kunst die Religion generell überhaupt ersetzen?

---

64 Sie sind leider auch nichts Neues – vgl. z.B. Decamerone
65 **Mozarts Musik** (im Titel)

Ist denn der persönliche Glaube von irgendeiner Form der Religiosität, einer Kirche oder Sekte abhängig? ---
Oder ist der Pantheismus, in dem Gott und die Natur identisch sind, die adäquate Lösung?

KYRIE ELEISON – Herr, erbarme dich unser!

Herr! – Herr? ... Wer ist das? ... **Herr?!** ... Wer soll das sein? ...
... D E R   H E R R ? ! --- **Herr-Gott? - Herrgott?**

<u>GOTT ...</u>   <u>d e r   H E R R ! ?</u>
　　　　　Der Allumfassende?
　　　　　Der Allwissende?
　　　　　Der Allmächtige?
　　　　　Der Allerhalter?
　　　　　Der Strafende?
　　　　　Der Verzeihende?
　　　　　Der Gütige ...
　　　　　Der Barmherzige?
　　　　　Der Liebende?

<u>GOTT ...</u>   <u>eine fiktive Figur?</u>
　　　　　Ein Gedanke?
　　　　　Ein Phantom?
　　　　　Der Weltgeist?
　　　　　Ein übergeordnetes Wesen?
　　　　　Ein Wesen, eine Inkarnation, das „die Welt
　　　　　unendlich sanft in seinen Händen hält?"[66]

Für mich ist der Glaube eine völlig private Angelegenheit geworden und nicht mehr abhängig von irgendeinem Menschenwerk, das sich Kirche, Sekte oder "Gottweißwas" nennt.

---

66 Rilke: Herbstgedicht: "Und doch ist einer, der dieses Fallen unendlich
　　sanft in seinen Händen hält."

69

„Wer darf ihn nennen
und wer bekennen?
Ich glaub _Ihn_!
Wer empfinden
und sich überwinden
zu sagen:
Ich glaub _Ihn nicht_!
Der Allumfasser
Der Allerhalter,
faßt und erhält Er nicht
Dich, mich, sich selbst?"

FAUST I

CHRISTE ELEISON -
CHRISTE aus KV 427 (2)

Christus, … Christe, … ein anderer Name für dieses Wesen?
… N u r ein anderer Name??

CHRISTUS, - erbarme dich unser!

Erbarme dich – Erbarmen ? Ein Fremdwort? --- Unser
Erbarmen – wessen Erbarmen?
Wo bleibt denn, wenn es dieses geheimnisvolle Wesen gibt –
das ERBARMEN? --- Oder ist alles 'zum Erbarmen'?

**HUNGER !! … MORD !! … TOTSCHLAG !! …
KRIEG !! - MISSBRAUCH … VERGEWALTIGUNG …
FOLTER ...**
Ist d a s das ERBARMEN?
EHEBRUCH !! … HASS !! … Handeln gegen die 'Zehn
Gebote' !!
N E I D … M I S S G U N S T … INTOLERANZ ... Ist
das das ERBARMEN?
MOBBING !! … Üble Nachrede!! … Missachtung der Men-
schenwürde !! … Ist d a s das ERBARMEN?

JÄMMERLICH! --- ERBARMUNGSWÜRDIG!

Ein erbärmliches ERBARMEN!!
**Gott!! ... Allah !! ... Christus !! ... Jesus ... Manitu !! ...
Götter !!**
Ein armseliges, bedauernswertes ERBARMEN!

Warum ist der eine Gott der Feind des anderen ?? --- Warum?
Alle Gottheiten fordern doch auch Toleranz, aber keine ist
ernsthaft gewillt, sie auszuüben! ... vor allem nicht dem an-
deren gegenüber!
Es regiert das blanke, nackte ICH!! ...
Ihr Gottheiten seid kleinkarierte EGOISTEN! ... EGOMA-
NEN !!

>Jeder gegen Jeden!
>Islam gegen Christentum,
>Christentum gegen Islam,
>Christen gegen Christen,
>Fundamentalisten gegen
Gemäßigte,
**> Katholisch gegen Evangelisch,
> Evangelisch gegen Katholisch,**
> Altes Testament gegen Neues Testament,
> Neues Testament gegen Altes Testament,
>Schwarz gegen Weiß,
>Gott gegen Gott! ...

O GOTT ! --------------------- **Welch ein Wahnsinn!!**

Und ER? ... oder ES? ... oder SIE? ... der Herr? ... lässt al-
les zu? ...
Warum? ... Gott der Liebe !? ... Gott der Hoffnung!? ...
Hoffnung? ... auf was, --- auf wen??
Wenn es d a s göttliche Wesen gibt, warum dann so viele
Religionen?? ...

Es gibt mehr Religionen, als es Wahrheiten geben kann,
(Werner Mitsch) ... und so viele Heiden!? ... und Gottlose!?

Mahatma GANDHI sagte einmal sinngemäß: **"Die Religionen sind verschiedene Wege, die alle zum gleichen Punkt führen!"**
"Dabei spielt es keine Rolle," erklärt Arun Gandhi, der Enkel, **"wie der Weg beschaffen ist: ob steinig, ob glatt, ob asphaltiert, ob geteert, ob sandig oder matschig! - - Sie leiten uns zu Gott".**[67]

WO bist DU, Gott der Liebe? WO bist DU, Gott der Hoffnung? ... WO bist DU, **Gott des FRIEDENS!?**

KYRIE ELEISON – Herr, erbarme dich ... unser!
KYRIE KV 427 (3)

67 ARUN GANDHI: "Wut ist ein Geschenk", Dumont
   ISBN 978-3-8321-9866-4

Kapitel 7 a
ANDANTINO
Mozarts Unterscheidung: Protestantismus – Katholizismus

Wien, den 5. Dezember 1781
"Ich soll denken, daß ich eine unsterbliche Seele habe.
Nicht allein denke ich das, sondern ich glaube es. Worin
bestünde denn sonst der Unterschied zwischen Menschen
und Vieh?"

Nun sitze ich da mit meiner Skepsis und frage mich: „Hätte Wolfgang Gottlieb Mozart auch einen solchen Text erfinden oder zumindest akzeptieren können?" In seinem durch fast nichts zu erschütternden Glauben an sich selbst, an seine eigene Kreativität und an die Gnade Gottes sucht man in seinen Briefen oder in Aussagen seiner Zeitgenossen vergeblich nach dem leisesten Zweifel am Wert seiner Musik, seiner Kompositionen. Selbst als es ihm gesundheitlich und finanziell nicht gut ging, scheint seine Schaffensfreude und sein Glaube ungebrochen gewesen zu sein.
Und sein Glaube an Gott?
Als Mozart 1789 – zwei Jahre vor seinem Tod – auf der Reise in den Norden Deutschlands diese in Leipzig unterbrach, lernte er, so berichtet Friedrich Rochlitz (1769 – 1842) - Johann Friedrich Doles (1715 – 1797), den amtierenden Thomaskantor kennen. Mozart ließ sich nicht lange bitten, und im Gegensatz zu vielen Komponisten-Kollegen, musizierte er, auch mit anderen Musikern zusammen (Quartett), fröhlich und ohne jegliche Allüren, auf dem Klavier, spielte Bratsche und improvisierte kunstreich vor vielen Zuhörern auf der Orgel. Doles meinte, den 'alten' Johann Sebastian Bach wieder zu hören. Mozart lernte durch Doles handschriftliche Notenblätter Bachs kennen, die er eifrig studierte.
Ein Ergebnis dieses Studiums ist das fröhliche Liedchen Papagenos in der „Zauberflöte": „*Ein Mädchen oder Weibchen*

wünscht ... ", bei dem Bachs Motette „*Nun lob, meine Seele, den Herrn*", durchschimmert.
Und so klingen wieder einmal Ernstes und Heiteres gleichgestimmt im „Lob und Dank an den Schöpfer.[68]

Nach den Aussagen Rochlitz' ereiferte sich Mozart auch über die Unterschiede: Protestantismus – Katholizismus.
Es ist nicht sicher, ob das, was Rochlitz da berichtet hat, sich auch so zugetragen hatte. Er spricht davon, die Worte Mozarts sinngemäß wiedergegeben zu haben. Aber der Abschnitt zeigt wohl – wenn auch erfunden? - die religiöse Einstellung Mozarts: *„Bei euch aufgeklärten Protestanten, wie ihr euch nennt, wenn ihr eu're Religion im Kopfe habt, kann etwas Wahrs dran sein; das weiß ich nicht. Aber bei uns (Katholiken) ist das anders. Ihr fühlt gar nicht, was das will „Agnus Dei, qui tollis peccata mundi ...* " *und dergleichen. Aber wenn man von frühester Kindheit, wie ich, in das mystische Heiligtum unserer Kirche eingeführt ist, wenn man da, als man noch nicht wußte, wo man mit seinem dunklen, aber drängenden Gefühlen hin solle, in voller Inbrunst seines Herzens seinen Gottesdienst abwartete, ohne eigentlich zu wissen, was man wollte, und leichter und erhoben daraus wegging, wenn man diejenigen glücklich pries, die unter dem rührenden „Agnus Dei" hinknieten und das Abendmahl empfingen und beim Empfang die Musik in sanfter Freude aus dem Herzen der Knienden sprach: „Benedictus qui venit ...* " *und so weiter, dann ist's anders! Nun ja, das geht freilich durch das Leben in der Welt verloren; aber – wenigstens ist's mir so – wenn man nun die tausend Mal gehörten Worte nochmals vernimmt, sie in Musik zu setzen, so kommt alles wieder und steht vor einem und bewegt die Seele.* " [69]

---

68 Heinz Gärtner „MOZART und der liebe Gott" S 201 – 206, Lübbe: MOZART-LEXIKON, S 54/55
69 Gärtner: „MOZART und der liebe Gott", S 207, nach Nissen S 659

Jubelnd und höchst diesseitig strahlte das "Exultate jubilate" zu Beginn dieses Buches, leise und fast demütig – wie aus einer anderen Welt – erklingt das "Ave verum", das in einer kleinen Dorfkirche im Todesjahr Mozarts zum ersten Mal die Gemüter einer andächtig lauschenden Gemeinde in Baden bei Wien berührt und entzückt. Jedenfalls stelle ich mir das so vor.

Vielleicht wurde Mozart selbst von dieser spontanen Eingebung überrascht und musste seiner eigenen Ergriffenheit in der schnoddrigen Anrede Luft machen: *"Liebster Stoll" bester knoll! Grosster Schroll! Bist Sternvoll – gelt das Moll thut dir Wohl!"*[70]

Vielleicht hat auch Hermann Abert recht, der behauptete, das *"Ave verum"* **"sei ein sprechender Beweis für sein (Mozarts) tiefes religiöses Empfinden".**

Nicht unüberlegt hat Mozart als einzige Vortragsbezeichnung – sotto voce - (= gedämpft) angegeben.

Die melodischen Bögen spannen sich in ruhig abgemessenen Viertelbewegungen. Lediglich sparsam verwendet er chromatische Einschübe, und kleine vielstimmige Partien setzen ausdrucksvolle Akzente, zumal bei so wichtigen Worten wie 'in cruce' oder 'in morte'.

Wenn es nicht zu vermessen ist, möchte ich das "Exultate jubilate" mehr dem katholischen und das "Ave verum" mehr dem evangelischen (lutherischen - nicht protestantischen) **Christsein** zuordnen.

---

70 Gärtner: a.a.O. - Seite 227

7 b
LARGO CANTABILE
diminuendo

Die katholische Messe als eine Form "Christliches Theater"

Web. Seite der katholischen Kirchengemeinde Bad Hersfeld im Internet. Beeindruckend ist das riesige Kruzifix, das zu meiner Zeit noch auf dem Hauptaltar, den gesamten Chorraum beherrschend, aufgestellt war. In der Fastenzeit war es mit einem violetten Tuch unsichtbar gemacht und wurde am Karfreitag feierlich enthüllt. Seit Gründonnerstag nach dem 'Gloria', so glaube ich, schwieg ja auch die Orgel bis zu diesem Augenblick der Enthüllung. Äußerlichkeiten?? Ja und Nein!

Vienne ce 17 d'Août 1782

"Ich habe letzthin vergessen ihnen zu schreiben, daß meine frau und ich zusamm am Partiunkule tage bey den Theatinern unsere andacht verrichtet haben – wenn uns auch wirklich die andacht nicht dazu getrieben hätte, so mußten wir es der zettel wegen thun, ohne welche wir nicht hätten copoliert werden können. - wir sind auch schon eine geraume zeit lediger allzeit zusammen so wohl in die hl-Messe als zum Beichten und communion gegangen - (...)

Aus der Tiefe meiner Erinnerungen tauchen Bilder auf, die in meiner Jugend für meinen Glauben prägend waren. Die Hauptrolle spielte vor allem der neugotische Backsteinbau der katholischen Kirche in Bad Hersfeld und eine durch die Diaspora geprägte sehr aktive Glaubensgemeinde.

Hier erlebte ich bewusst das „Theaterspiel" der damals noch in Latein zelebrierten Messe. Als sehr pflichteifriger Messdiener war es mir dabei ziemlich egal, ob es sich um eine Still- bzw. Frühmesse (meist morgens um sieben Uhr), eine Wortmesse oder ein Amt handelte. Diese Gottesdienste berührten mich kaum. Wurde aber ein Hochamt an einem "Hohen kirchlichen" Feiertag[71] mit dem seinerzeit sehr guten Kirchenchor gefeiert, dann verwandelte sich das „Theater" in pure, beeindruckende Wirklichkeit!

Wenn der Kirchenchor unter dem Kantor B. eine Mozart-Haydn- oder Schubert-Messe in einer Orgelbearbeitung darbot, wuchs für mich die Feierlichkeit und die „Heiligkeit" des Gottesdienstes beträchtlich. In der ausgebildeten Opern- und Konzertsängerin Margarete M.-F. stand eine vorzügliche Solistin zur Verfügung, der bei Bedarf Laien-Solisten zur Seite standen. Darunter auch mein Vater, der einen eindrucksvollen Bass-Bariton singen konnte.

Für mich war eine solche Messe das berührendste und tiefgehendste Erlebnis. Herausragend wirkten dabei Mozarts Mess-

---

71 Weihnachten, Ostern, Pfingsten, Fronleichnam, Himmelfahrt usw

und Kirchenproduktionen – z.B. das "**Laudate Dominum**" – auf mein sich langsam entwickelndes musikalisches Gehör. Dabei erfuhr ich immer wieder: Mozarts Musik geht in ihrer Einzigartigkeit ohne Umwege direkt zum Herzen. Da spielt es keine Rolle, ob es sich um geistliche oder weltliche Musik handelt.

„Wenn man die Kirchenmusik als die Musik zu einer theatralischen Szene versteht, dann erkennt man Mozarts Leistung: Er schrieb Musik für 'kultisches Theater'! Denn das ist die katholische Liturgie (im Unterschied zum evangelischen Gottesdienst). Alles, was die Akteure vom Ministranten bis zum zelebrierenden Priester im Kirchenraum tun, ist 'kultisches Theater', Spiel!! Und die überaus wirksame Bühnenmusik dazu ist in Mozarts Werk zu finden." [72]

Für Mozart waren – wie wir wissen - geistliche und weltliche Musik ein nicht zu trennendes Ganzes. Hier ist der Einfluss des Böhmen Josef Myslivecek (1737-1781) auf den jungen Mozart zu erwähnen. Eine der stärksten Wurzeln des Mozart-Stiles lässt sich von ihm ableiten. Das Entscheidende für Mozarts musikalische Zukunft: Auch für Myslivecek waren weltliche und geistliche Musik ein untrennbares Ganzes! [73]
Oft sind es die langsamen Mittelsätze der Instrumentalkonzerte, die einen Einsatz als „Kirchensonate" möglich erscheinen lassen.
Beispiel: Klavierkonzert A-Dur (KV 488) Adagio fis-moll, bei dem Mozart auf 'Lärminstrumente' (Trompeten und Pauken) verzichtet und dadurch einen intimen Charakter erzielt. Den Mittelsatz beherrscht ein zartes, schmerzlich wirkendes 6/8-Siciliano-Thema mit einer deutlichen Verlangsamung zum Adagio.

---

72 DOMMUSEUM, - Peter Paul Kaspar:„Mozart und der liebe Gott"
73 Heinz Gärtner: „MOZART und der liebe Gott", S 62 ff

Es existiert eine Einspielung von Hélène Grimaud auf CD[74] bei der „Deutschen Grammophon", die zeigt – um mit dem Rezensenten Oswald Beaujean zu sprechen, – dass dieser Satz zu den magischen Eingebungen Mozarts gehört. Ich wiederhole:

„Auch wenn Mozart zweifellos immer wieder dazu neigte, seine wahren Gefühle hinter einer Maske zu verbergen. Hier in diesem tiefgründigen, innigen, von Herzen kommenden Satz tat er es – davon ist Hélène Grimaud überzeugt – sicher nicht."[75]

Maarten T'Hart : „Auf dem kürzesten Weg zum Herzen, Klavierkonzerte gegen das 'babylonische' Geschrei der Popmusik... (…) Einmal stritt ich mich mit meiner Mutter. Ich sagte, die Engel im Himmel spielen bestimmt KV 488. Sie erwiderte, nichts auf Erden sei ohne Sünde, also auch nicht Mozarts Musik, und deshalb werde auch kein Mozart im Himmel gespielt. Dass ich mich unter diesen Umständen nicht danach sehne, in den Himmel zu kommen, behielt ich lieber für mich. Ich entgegnete, dass in KV 488 nicht die Spur von Sünde zu entdecken sei. Wenn es auf Erden überhaupt etwas gibt, das vollkommen sei, dann KV 488 von Mozart. Mehr noch:
Die einfache Tatsache, dass ein sterblicher Mensch diese Musik komponieren konnte, nagt an meinem Unglauben!" Besser und treffender kann ich es auch nicht ausdrücken.

Ein weiteres Beispiel ist der 2. Satz des Klarinettenkonzertes KV 622, ein ausdrucksstarker Sologesang. Überhaupt sind es die langsamen Sätze aller seiner Konzerte, die ganz besonders die Gefühle des Hörers berühren und Bilder entstehen lassen.

---

74 Vgl. auch Prologus
75 Oswald Beaujean: Begleitheft zu der erwähnten CD der Deutschen Grammophon

Kapitel 8
ALLEGRO VIVACE

Nachkriegszeit: 1944 – 1948 (Währungsreform)
Die Kirche und die Musik als Zuflucht aus der Not der Zeit.
Das GLORIA aus der Messe KV 427

" ... ich bin ein componist, und bin zu einem kapellmeister gebohren. Ich darf und kann mein Talent im Componieren, welches mir der gütige Gott so reichlich gegeben hat, (...) ich darf ohne hochmuth so sagen, denn ich fühle es nun mehr als jemals (...) nicht so vergraben, und das würde durch die viellen scolaren , denn das ist ein sehr unruhiges metier. Ich wollte lieber, so zu sagen, das Clavier als die Composition negligiren. Denn das Clavier ist nur meine Nebensach, aber gott sei danck, eine sehr starcke nebenssach."
Mannheim, 7. Februar 1778

Es gab natürlich schon schwerwiegende Gründe, dass uns gerade in den Nachkriegsjahren so ein feierlicher Gottesdienst besonders berührte und bewegte.
Diese Zeit war durch das Elend geprägt: zerbombte Städte, eiskalte Winter, bis 1948 kaum genug zum Essen. 'Hamstern' war angesagt, Internierungslager, Hunger, der zum Sammeln zwang: Pilze, Beeren, Bucheckern, die in der Ölmühle Hersfeld gepresst wurden. Katastrophale Wohnverhältnisse.
Unsere vierköpfige Familie 'hauste' in einem Zimmer, eine Küche für neun, eine Toilette für 13 Personen.

Radio, Fernsehen und andere Unterhaltungsmedien gab es nicht. Um ein Brotkrüstchen 'kloppten' sich mein Bruder und ich wie die Kesselflicker. In der Schule wurde die sogenannte Schulspeisung serviert, für viele die einzige warme Mahlzeit am Tage. Die 'neue Volksgruppe' – die Flüchtlinge!! (vor

allem aus dem Osten) - wurde in 'echt christlicher Nächstenliebe' mit 'geschlossenen' Augen - als notwendiges Übel betrachtet – aufgenommen!
Wir Westflüchtlinge hatten es noch etwas einfacher als die,
die aus dem Osten angeschwemmt wurden. All diese Umstände bedingten die Sehnsucht nach dem Schönen, nach der
'Heilen Welt', die man in der Kirche fand. Der Ritus der katholischen Messfeier – oft dann durch die Musik unterstützt -
vermittelte eine Ahnung davon. Nun versuchten sich die
meisten Gemeindemitglieder auch durch Selbsttun und Mit-
machen in Chören (Kirchenchor – Ostlandchor), im Vorstand
der Diaspora-Gemeinde und diversen Gruppen zu integrie-
ren. Für uns Jugendliche waren die Angebote der Kirche >
Pfadfinder, Messdiener, Bastelgruppen, willkommene Möglichkeiten, außerhalb der Schule Gemeinschaft zu erleben.
Daher waren auch die Hochämter, die in einer kleinen Kirche
wie der unseren einen bescheidenen Prunk, aber viel musikalische Pracht boten, an Sonn- und Feiertagen sehr gut be-
sucht.

Und in diesen Jahren habe ich weder von unserem Dechan-
ten, den wir alle mit Respekt behandelten, weder von den
wechselnden Kaplänen oder von anderen Kirchenfunktionä-
ren irgendwelche, wie auch immer geartete, auf mich bezo-
gene Repressionen oder gar Misshandlungen erfahren. Der
einzige Vorwurf betrifft die Tatsache, dass alle – Eltern, Lehrer und Priester – vom Fegefeuer und der Hölle faselten. Und
selbst, wenn ich zu dieser Zeit hin und wieder Angst vor diesen 'Einrichtungen' hatte, herrschte bei uns – später auch in
Fulda (Internat - 'Marianum') – kein Klima der Angst, der
Unterdrückung und des Machtmissbrauches. Mit einem solchen Schlüsselerlebnis kann ich nicht dienen und kann in
diesem Punkt Herrn Oschwald[76] nicht zustimmen, bin aber

---

76 Hanspeter Oschwald „Auf der Flucht vor dem Kaplan", Piper 2011

wie er der Meinung, dass „uns die heutige Amtskirche den Glauben austreiben kann!"

Pardon, - ein kleiner Ausrutscher durch die unsagbar traurige Tatsache der unzähligen Missbrauchsfälle bedingt. Aus meinen Erfahrungen heraus sind sie für mich nicht nachvollziehbar.
Mozart hat sich auch 'niemahlen' verdrießen lassen, „wie ein roter Faden zieht sich Mozarts Grundüberzeugung durch sein Leben: Auf Gott kann ich mich verlassen. Er steht treu zu mir. (…) Dieses felsenfeste Vertrauen in den treuen, barmherzigen Gott gibt ihm Halt und Zuversicht, die auch der Tod nicht zerstören kann. (…) Diese Gottergebenheit ist für Mozart der Schlüssel zu 'unserer wahren Glückseligkeit.' Dieser Glaube war ihm heilig.
Deshalb reagierte er heftig, wenn diese seine Überzeugung durch Frömmlertum, Bigotterie oder klerikales Machtgehabe verdunkelt wurde. 'Ein offenbares Laster ist mir lieber, als eine zweydeutige Tugend; ich weiß wenigstens woran ich mich halten soll' (…) Das Festhalten am Gott seiner Väter stand für Mozart nie in Frage, auch wenn weitere Aspekte seiner theologischen Überzeugung immer noch im Dunkeln liegen." [77]

Erinnern wir uns an das 'Kyrie' mit meinem pessimistischen Zwischentext. Die Reihe der von Mozart vertonten 'Kyrie' ist beachtlich, zumal es dann noch Kompositionen gibt, die nicht in einer ganzen Messfeier eingefügt sind: KV 33 F-Dur, KV 89 G-Dur, KV 90 d-moll, KV 91 D-Dur, KV 166f C-Dur, KV 166g D-Dur, KV 196a G-Dur, KV 258a C-Dur, KV 322 Es-Dur, KV 323 C-Dur, KV 341 d-moll, KV 422a D-Dur.

---

77 Wolfgang Brettschneider: „Von >Et incarnatus est< bis >crucifixus etiam pro nobis" - in „Wie hast Du's mit der Religion?", S 74

Die Vielzahl ist sicher unter anderem auch dadurch zu erklären, dass sich Mozart Material bereithalten wollte, um im Bedarfsfall darauf zurückzugreifen. Für eine Messkomposition gab es aber in der Wiener Zeit keinen Auftrag mehr.

Das einleitende feierliche Kyrie der c-moll-Messe KV 427 mit dem innigen Sopran-Solo im Dialog mit dem Chor wischt – im Pianissimo verklingend – jeden Gedanken an eine Routinearbeit Mozarts beiseite. Nie zuvor hatte er ein Kyrie geschrieben, das derart eindringlich, geradezu flehentlich die Bitte um Erbarmen vorträgt und gerade dadurch so sehr subjektiv wirkt. So ist es nicht verwunderlich, dass mir beim Hören dieser Text eingefallen ist.
Einen ähnlichen Eindruck lässt das Kyrie KV 341, von dem man heute annimmt, dass es in der Wiener Spätzeit und nicht in München komponiert wurde, bei mir zurück.

Mit dem GLORIA erleben wir wieder den Mozart auf der Höhe seiner Meisterschaft in der Behandlung des Chores. Dieses frohlockende Gloria ist ein grandioser Jubelgesang und zu Beginn wohl auch ein Zeichen der Dankbarkeit und Freude Mozarts über die Genesung seiner Constanze. Ein strahlenderes C-Dur und ein mitreissenderer Chorjubel lassen sich kaum denken.

HÖRBEISPIEL 4
GLORIA KV 427 – erster Abschnitt
„Gloria in excelsis Deo. Et in terra pax hominibus bonae voluntatis".
„Ehre sei Gott in der Höhe. Und auf Erden Friede den Menschen, die guten Willens sind."

Noch stärker in der nachfolgenden Sopranarie „*Laudamus te*" zeigt sich hier wieder der Mozart, für den es keinen Unterschied zwischen geistlicher und weltlicher Musik gibt.

Freudig – so empfinde ich das – offenbart er wieder seinen festen Glauben an einen sein Leben begleitenden und lenkenden Gott. Nur bin ich mir nicht so ganz sicher, ob er die christliche-katholische Dreieinigkeit oder eben einen einzigen Gott, meinetwegen den 'Allerhalter', meint.

Aber Mozarts Musik? - Da muss wohl jeder einzelne für sich selbst entscheiden, wie er die Klänge, die er vernimmt, einordnet: weltlich? - geistlich? - persönliches Bekenntnis?
„Ob sie (die Musik) Gehalte eines persönlichen Bekenntnisses sinnlich erfahrbar macht, dieser Frage mag man sehr widersprüchlich begegnen, sie als Unfug abtun oder eben, aus der Perspektive des Gläubigen, positiv beantworten wollen. Spricht nicht aus dem überbordenden Jubel des *„Dona nobis pacem"* der Krönungsmesse KV 317, aus den erschütternden Klagetönen der *Maurerischen Trauermusik KV 477* oder aus dem zutiefst anrührenden Moment von Bitte um Vergebung und anschließender Schuldlossprechung am Ende der Oper *„Figaros Hochzeit"* KV 492 *(„Contessa perdonno ...)* die Stimme eines Gläubigen?
Bedeutet nicht der *Don Giovanni KV 527* eine fundamentale theologische Abhandlung über die drei zentralen Themen des europäischen Musiktheaters und des christlichen Glaubens, über <u>Gott, Liebe und den Tod?</u> (…) Das Rätsel muss ungelöst bleiben, aber es stellt sich bei jeder Begegnung mit Mozarts Musik aufs Neue." [78]

Ich glaube, gerade für mich, der ich mich nicht mehr kirchlich gebunden fühle, ist die religiös-spirituelle Wirkung von Mozarts Musik fühlbar und wichtig, nicht zuletzt aus diesem Grund ist seine Musik mein Lebens-Elixier.

---

78 Ulrich Konrad „Frömmigkeit und Kirchenmusik" Gedanken zum 'geistlichen Mozart' in „Wie hast Du's mit der Religion?" -Echter Verlag, Würzburg S

„Seine Musik, von der immer bejahende Spontanität und Vitalität ausgehen, greift tief hinein in unser Leben: Sie lehrt uns Höflichkeit und Feinheit im menschlichen Verhalten, sie zähmt gewaltsame Gefühlsausbrüche. Sie hält Disziplin. Ich denke, der Schlüssel zu all diesem Reinen und Positiven ist in einem einzigen Wort zu finden: GLAUBEN!"[79]

Dann aber – plötzlich – der inhaltliche Schwerpunkt des Gloria: das „Qui tollis peccata mundi, misrere nobis ...!" > Monumental, gewaltig, und der wohl unwirklichste, geheimnisvollste Satz, den Mozart je vertont hat, von einer geradezu dämonischen Wirkung. Hier schimmert, nicht nur in der Doppelchorstruktur und der ostinat punktierten Rhythmik mit Lamentobass, als Modell der Chor „The peoble shall hear!" aus Händels „Israel in Ägypt" durch. Von unablässiger Spannung sind die Harmonien geprägt. Mozart verdeutlicht hier sein tief empfundenes Verständnis des liturgischen Textes und erzielt eine erschütternde Wirkung.

Wir können heute nur vermuten, bestenfalls ahnen, was im Kopf des Komponisten vor sich ging, als er diese Musik schrieb ... waren es u.U. Gedanken, wie er sie vier Jahre später an seinen Vater im Brief vom 4. April 1787 äußerte:
„Da der Tod, genau zu nehmen, der wahre Endzweck unseres Lebens ist, so habe ich mich seit ein paar Jahren mit diesem wahren, besten Freunde des Menschen so bekannt gemacht, daß sein Bild nicht allein nichts Schreckendes mehr für mich hat, sondern recht viel Beruhigendes und Tröstendes! Und ich danke meinem Gott, daß er mir das Glück gegönnt hat, mir die Gelegenheit zu verschaffen, ihn als den Schlüssel zu unserer wahren Glückseligkeit kennen zu lernen. Ich lege mich nie zu Bette, ohne zu bedenken,

---

79 Yehudin Meuhin, 1990 (Merian VITA, Heft1, 1991)

daß ich vielleicht, so jung als ich bin, den anderen Tag nicht mehr sein werde – und es wird doch kein Mensch, von allen, die mich kennen, sagen können, daß ich im Umgang mürrisch oder traurig wäre, und für diese Glückseligkeit danke ich alle Tage meinem Schöpfer und wünsche sie von Herzen jedem meiner Mitmenschen. "

HÖRBEISPIEL 5

GLORIA - (8) *„Qui tollis peccata mundi ...." (Largo)*
Deutscher Text: Du nimmst hinweg die Sünden der Welt: Erbarme dich unser, Du nimmst hinweg die Sünden der Welt:Nimm unser Flehen gnädig auf! Du sitzest zur Rechten des Vaters: Erbarme dich unser!

Kapitel 9 a) ANDANTINO
presto assay
Sprechen mit/zu Mozart

"Zu allen Zeiten ist man auch nicht aufgelegt zum arbei-
ten. 'hinschmieren' könnte ich freilich den ganzen Tag
fort, aber so eine sach kommt in die Welt hinaus und da
will ich halt daß ich mich nicht schämen darf; wenn mein
name drauf steht."
14. Februar 1778 an Papa Leopold

Ja, lieber Mozart, da zerbrechen sich die gelehrten Köpfe
dieselben – immer wieder – und am Ende stehen sie mit lee-
ren Köpfen da, weil Sie weder in Ihrer Persönlichkeit noch
Ihrer Musikalität erfassbar sind.
Wir können nur vermuten und Ihre Genialität, die auf Ihrem
Lebensopfer für die Musik, die für Sie die Höchste aller
Künste war, beruht, ahnen. Im Musikalischen funktionierte
Ihr Verstand mit unerschöpflicher Regsamkeit. Melodien
flossen Ihnen nur so zu. In der Oper schufen Sie Charaktere
und Ihr Sinn für die seelischen Abläufe in einem Menschen
ließ Sie für alle Spielarten des menschlichen Seins den richtigen musikalischen Ausdruck finden.
Und so kann es auch in Ihrer geistlichen Musik geschehen,
dass Sie im Ernsten auch das Komische (und im Komischen
das Ernste) sehen.

Sie entdecken die Welt aus allen Blickwinkeln: dem des
Spielers, des Regisseurs und des Zuschauers – und zwar
gleichzeitig! In diesem Charakterzug, der manchmal unheim-
lich wirken kann, liegt die Wurzel des Geheimnisses der sze-
nischen Effizienz!
Daher erscheint uns Ihre Kirchenmusik auch oft opernhaft,
und gerade deswegen zeigen Sie uns auch die Menschen, wie
sie sind – auch heute noch sind.

Deswegen, lieber Mozart, ist Ihre Musik auch zu zerstörend und umstürzlerisch, um sie zu vereinnahmen. Wenn man meint, sich an ihr stärken zu können, bekommt man unmerklich eine Portion Zaghaftigkeit verpasst, wenn man sich das Trauern erleichtern will, sieht man sich plötzlich zum Kichern verführt, wer meint, mit Ihrer Musik lachen zu können, wird auf einmal ganz ernst und traurig, und wer meint, zu Ihrer Musik tanzen zu müssen, hat auf einmal 'Knoten in den Beinen' und hört sich fluchen! Sie standen – um Giorgio Strehler zu zitieren -: „... **wie kein anderer Musiker so sehr in seiner Zeit, waren so sehr der Tradition verbunden und so radikal auf die Zukunft orientiert.**"

Es gibt in Ihrer Musik, bei aller Einfachheit der Form, keine Manipulationen!

„In Ihrer Musik ist das Schwere unendlich leicht und das Leichte unendlich schwer!" (Karl Barth)

Mensch, Mozart, warum geben Sie sich nicht zu erkennen, warum offenbaren Sie sich nicht denen, die Sie so nehmen, wie Sie sind, die ohne Wenn und Aber zu Ihnen stehen, an Sie und vor allem an Ihre Musik glauben?

Man muss ja nicht gleich so weit gehen wie ein berühmter Dirigent,[80] der sinngemäß meinte, dass Ihre Existenz wohl eine Art Gottesbeweis sei! Oder soll man in der Gegenrede Jean Boudrillard (Philosoph) folgen, der meinte: **„Gott hat sich über uns lustig gemacht, in dem er Mozart als gewöhnliches Wesen unter uns treten ließ, ohne daß er wenigstens außergewöhnliche Gnadenzeichen an sich gehabt hätte. Gott macht sich über uns lustig, das ist unerträglich. Man muß Mozart zerstören!"**[81]

---

80 Günter Wand
81 Boudrillard, 1989 in „Cool Memories" (1980-1985) in Merian VITA, Heft 1/1991

Je öfter man Ihre Musik hört, desto unwiderstehlicher bündelt sie die Sinne auf Komplikationen und Geheimnisse jenseits ihrer trügerischen Schönheit.

Ihre Musik, lieber Mozart, verführt, sie spricht zu unserer Seele, sie überredet, und ihr Klang wirkt so, als sei er dazu da, den Menschen an sich selbst zu erinnern. Ihre Musik, die stets auch eine dramatische ist, erzeugt Erregung, die immer wieder Anlass zur Gegenregung, für Ausbrüche und Leidenschaft bietet: Bewegende Rede und und provozierende Gegenrede! Da sie einen dramatischen Ablauf von höchster Präzision erzeugt, ist Ihre wunderbare Kirchenmusik so oft falsch verstanden worden – so denke und fühle ich es!

Über viele Äußerungen der Musikwissenschaftler, Musikschriftsteller und Laien-Musiker werden Sie lachen!

Der russische Musikschriftsteller Alexander Ulybyschew z.B. wurde von einem einzigen Zweifel gequält. Er war außerstande, mit Sicherheit zu sagen, ob Sie, Mozart, nicht doch der Herrgott selbst gewesen sind!

Oder würden Sie – quasi in Einigkeit im Hass auf Salzburg (mit dem Ihnen unbequemen „Erzburger Salzbischof") mit Thomas Bernhard, dessen Haltung unterstreichen?

„Die Musik Mozarts ist ihm in ihrer Vollendung immer Wunder und Rätsel gewesen, eine immer neue Herausforderung zur intensiven Auseinandersetzung. 'Mozart war meine ureigene Welt.' Dieses Bekenntnis schlägt sich in den Werken Thomas Bernhards nieder."

Leiden, Tod und Zerstörung, Krankheit, Wahnsinn und Selbstmord sind die beherrschenden Themen Bernhards. Stets sind es diese Grenzsituationen der menschlichen Existenz, in denen die Musik Mozarts aufscheint: als positive Gegenwelt zur absurden Banalität des alltäglichen Daseins, als Quelle der Erkenntnis, als Brücke der Erfahrung von Wahnsinn und Tod und schließlich als Utopie einer umfassenden Versöhnung.

Der Wahnsinn ist Voraussetzung der ästhetischen Erkenntnis.
Das Werk Mozarts, der Höhepunkt der Musikgeschichte, erschließt sich nur dem Verrückten![82]

Warum Sie nun, ohne einen Auftrag von außen, diese großartige Messe in c-moll, KV 427, geschrieben haben, ist nicht restlos geklärt. Und deswegen zerbreche ich mir auch nicht weiter meinen kleinen Kopf, der Mühe hat, die Gewalt und Schönheit, die Dämonie und Herrlichkeit, die gregorianische Schlichtheit, den barocken Jubel, die rokokohafte Leichtigkeit und die Seele dieser Musik zu erfassen.

Wie dem auch sei, die echte Größe dieses Werkes offenbart sich mir durch die freudige Frische, durch den gleichnishaften Ernst und die geistige Kraft, die diese Musik jedes mal aufs Neue auf mich überträgt, dann kann ich auch an einen Gott (ohne Kirche) glauben!

Vielleicht ist es so, wie Sie es an Ihren Vater am 4. Januar 1783 geschrieben haben: „ *... ich habe es in meinem Herzen wirklich versprochen und hoffe es auch wirklich zu halten. Meine Frau war, als ich es versprach, noch ledig – da ich aber fest entschlossen war, sie bald nach ihrer Genesung zu heyrathen , so konnte ich es leicht versprechen. (...) - zum Beweis aber der Wirklichkeit meines Versprechens kann die Spart (= Partitur) von der Hälfte der Messe dienen, welche noch in der besten Hoffnung daliegt.* "

Vielleicht war es aber auch ganz anders. Die genauen Gründe werden wir wohl niemals erfahren. Schade!! Aber auch gut so! Was wir aber wissen, reicht aus, wenigstens in Ansätzen Ihre Musik verstehen zu können. So lernen wir, dass Sie - wie in Ihren großen Opern – die einzelnen Instrumente des

---

82 Ulrike Kienzle in Rheinischer Merkur 11.01.1991

Orchesters zum Sprechen bringen. Diese sagen uns oft genau das Gegenteil von dem, was da gesungen wird – auch in Ihren geistlichen Kompositionen!

„Er (Mozart) hat etwas ganz Neues, Unerhörtes in die musikalische Kunst gebracht, er hat die einzelnen Instrumente des Orchesters sprechen gelehrt; er hat ihnen Seele gegeben – mit einem Wort: Durch Mozart ist die Musik in einem gewissen Sinne erst entdeckt worden.“[83]

Dass Sie das CREDO nicht vollendet haben, war schon immer ein Grund, sich die kühnsten Deutungen auszudenken. Vielleicht war es die ganz banale Tatsache, dass in der liturgischen Praxis in Süddeutschland ortsgebunden das Credo nach dem „Et incarnatus est" abgebrochen wurde. Bei einem Heiligen-Fest (z.B. Amandus in St. Peter, Salzburg) konnte man sogar ganz auf das Credo verzichten. Und so ist es gut möglich, dass Sie, weil die Aufführung in Salzburg sein sollte, sich gleich dem SANCTUS zuwandten.
Mir jedoch ist das CREDO wichtig, weil das wiederholte Auftauchen des „Ich glaube" Akzente setzt, die ich so nicht unterstreichen kann! Aber das innige Siciliano des „Et incarnatus est" erzeugt eine emotionale Wärme, die den Hörer packt und nachdenklich macht:
Bin ich ein Glaubender? Bin ich ein Nicht-Glaubender? Bin ich ein Gern-Glauben-Wollender? Bin ich ein Nicht-Gern-Glaubender? Bin ich ein Nicht - MEHR - Glaubender?

HÖRBEISPIEL 6
CREDO – Credo in unum Deum – und „Et incarnatus est" -–
– Ausschnitte -

---

83 Felix Mottl (Wende 19./20.Jahrhundert) 1891 zum 100. Todestags Mozarts.

TEXT: (deutsch) Ich glaube an den einen Gott, den allmächtigen Vater, Schöpfer des Himmels und der Erde, aller sichtbaren und unsichtbaren Dinge. Ich glaube. Und an den einen Herrn Jesus Christus, Gottes eingeborenen Sohn, aus dem Vater geboren vor aller Zeit. (Gott von Gott. Licht vom Lichte, wahrer Gott vom wahren Gott.
Gezeugt, nicht geschaffen, eines Wesens mit dem Vater; durch Ihn ist alles geschaffen. Ich glaube. Für uns Menschen und um unseres Heiles Willen ist Er vom Himmel herabgestiegen.)
Er hat Fleisch angenommen durch den Heiligen Geist aus Maria, der Jungfrau: Und ist Mensch geworden.

Lieber Mozart, ich glaube an die Existenz eines Gottes oder einer Macht, der/die, losgelöst von der Institution „Kirche". als ein Geheimnis hinter unserem Leben steht. Um das zu erfahren, brauche ich weder die katholische noch eine andere christliche Kirche oder nichtchristliche Religion. Ihre Musik aber weist mir den Weg und zeigt mir, dass es jenseits aller Erfahrung etwas geben muss, das „die Welt unendlich sanft in seinen/ihren Händen hält!"

Bevor ich mit Ihrem wunderbaren „Ave verum" schließe, in dem Sie die ganze Leidensgeschichte und den Erlösungsgedanke der christlichen Heilslehre in einmaliger Eindringlichkeit darstellen, wende ich mich – ich denke mit Ihrer Billigung, einem Kruzifix zu, dessen Bild mein Fühlen und Denken widerspiegelt.

9 b)   **MEDITATION ZUM WEINKREUZ**
Bild von Arnulf Rainer (*1929)

Weinkruzifix, 1957–1978
Stoff- und Ölfarben auf Linnen, auf eine aufgezogene Leinwand
appliziert und mit schmalen Latten ringsum befestigt
168 x 103 cm

nach Klaus Bannach „Christus der Narr", Radius-Verlag Stuttgart, 1979, ISBN 3-87173-548-5
und dem „Ave verum", KV 618 von W.A.Mozart

"Was will denn dies sagen, lustige Träume – Über das Träumen halte ich mich nicht auf, denn da ist kein Sterblicher auf dem ganzen Erdboden, der nicht manchmal träumet! - allein lustige Träume! - ruhige Träume, erquickende, süße Träume! - das ist es; - Träume, die, wenn sie wirklich wären, mein mehr trauriges als lustiges Leben leidlich machen würden."
"München, de 31. Dezember 1778"

ADAGIO ESPRESSIVO

Du Mann am Kreuz!
Kaum erkennbar – ohne Gesicht – ohne Leib.
Nur Qual!
Nur Ausgeliefertsein an die Schrecken.
Du Mann am Kreuz!

AVE VERUM CORPUS!

Du Mann am Kreuz!
Manchmal denke ich: Ich kann mich nicht erkennen!
I c h habe kein Gesicht!
Ich habe keinen Leib!
Ich bin reduziert
auf den anonymen Mann in der Masse der Straße!

NATUM DE MARIA VIRGINE;

Du Mann am Kreuz, bist Du der Herr?
Bist Du der Jungfraugeborene?
Kaum erkennbar – ohne Gesicht – ohne Leib!
Ich erkenne Dich nicht!
Ich sehe nur Ausgeliefertsein
an die Schrecken!

**VERE PASSUM, IMMOLATUM IN CRUCE
PRO HOMINE!**

Wenn mich das Unbehagen
über mich selbst befällt,
über mein Unvermögen
überall mitzuhalten -
einigermaßen gekonnt,
dann denke ich,
wenn mich die Trauer überschwemmt:
Ich bin Trauer – nichts als Trauer -
Und dann muss ich lachen!

**CUJUS LATUS PERFORATUM UNDA FLUXIT
ET SANGUINE!**

Und wenn mich dann der Zorn
über meine Ohnmacht anfällt,
über die Ohnmacht am Unrecht in dieser Welt etwas
ändern zu können,
dann denke ich – ICH bin dieser Zorn,
und ICH bin diese Ohnmacht, -
und dann muss ICH lachen!

Du Herr am Kreuz!
Kaum erkennbar!
Ohne Gesicht – Ohne Leib!
Nur Ausgeliefertsein
an die Schrecken!

ESTO NOBIS PRAEGUSTATUM!

Ich lese die Statistiken und denke:
Ich gehöre zum Durchschnitt – Ich bin Durchschnitt.
Ich passe in jede Statistik:

in die über normale Lehrer,
in die über Faulenzer,
in die über Autofahrer,
in die über Mozartianer,
ich passe überall hin,
ich bin jedermann und niemand!

ich bin reduziert, Du Herr,
ohne Gesicht, ohne Leib,
kaum erkennbar – ohne Bedeutung,
ohne Gewicht!

IN MORTIS EXAMINE!

Du Herr am Kreuz!
Kaum erkennbar,
aber doch mit Gesicht,
doch mit Leib!
Aber immer noch mit Qual,
Du Herr am Kreuz!

Und närrisch staunend stehst Du, Herr,
vor allem, was sie in Deiner Kirche treiben.
Unbekümmert um die Zeichen der Zeit
stehst Du, Herr, und staunst -
zum Narren gemacht!

AMEN!

HÖRBEISPIEL 7
AVE VERUM, CORPUS NATUM – KV 618
TEXT (deutsch): Gegrüßt, wahrer Leib, geboren aus der Jungfrau Maria, der gelitten hat und für die Menschen ans Kreuz genagelt worden ist, aus dessen Seite Blut und Wasser floß. Sei für uns ein Vorbild in des Todes Nöten.

9 c) GRAVE DOLOROSO

Ich bin katholischer als mir lieb ist – aber **ohne** Kirche

„Ich ehre die Religion, das weißt Du. Ich fühle, daß sie manchem Ermatteten Stab, manchem Verschmachtenden Erquickung ist. Nur – kann sie denn, muß sie denn das einem jeden sein?"[84]

Die jugendliche Prägung kann ich nicht so leicht abschütteln, sie wirkt bis heute nach. Und obwohl ich der Institution Kirche schon lange den Rücken zugewandt habe, widerstrebt es mir (noch), aus dieser autokratischen, die Demokratie verachtenden Gemeinschaft, auszutreten! Die pseudo-demokratischen Ansätze konnte ich zeitweise als Pfarrgemeinderat miterleben (nicht mitgestalten)! Ich habe positive, erfolgversprechende Ansätze unter Kardinal Volk und Kardinal Karl Lehmann erlebt, die aber immer wieder durch die 'römische' Kurie ausgebremst wurden, die so tut, als wenn es keine moderne Bürgergesellschaft mit Rechten und Freiheiten gäbe. In der Bezeichnung: römisch-katholisch habe ich 'römisch' gestrichen. Und wenn man mich jetzt nach meiner Religiosität fragt, muss ich feststellen:

**„Ich bin katholischer, als mir lieb ist! ---
aber o h n e Kirche"**

**HÖRBEISPIEL 8
Volles Geläut des Salzburger Domes**

---

84 Goethe „Die Leiden des jungen Werther", 15.11.1772

Kapitel 10:
FINALE ALLEGRO FURIOSO
Zusammenfassung und Gedanken zur Wirkung und Heilkraft der Musik

"An den Vater
München, 10./11. Oktober 1777
(...) ich habe eine unaussprechliche begierde wieder ein-
mahl eine opera zu schreiben (...) es ist wahr, man be-
kömmt nicht viell, aber doch etwas; und man macht sich
dadurch mehr Ehre und Credit als wenn man 100 Concert
in teutschland giebt, und ich bin vergnügter, weil ich zu
Componiern habe, welches doch meine einzige freüde und
Paßion ist (...) denn ich darf nur von einer opera reden hö-
ren, ich darf nur im theater seyn, stimmen hören (...) o, so
bin ich schon ganz ausser mir (...)[85]

Das vorliegende kleine Buch (2. überarbeitende Fassung mit vielen neuen Aspekten) verknüpft meine Gedanken mit Aussagen unterschiedlicher Autoren und den Niederschriften (Briefe, Essays usw) des Komponisten und Menschen Mozart. Wie oft begegneten mir dabei 'meine' Gedanken in anderen Stilelementen und Sätzen der Verfasser, die sich vor mir mit Mozart und dessen Werk beschäftigt hatten.
So gibt es in der Sekundärliteratur über Mozart unzählige Auslassungen und gewaltige Folianten mit den verschiedensten Meinungen und Folgerungen, und jeder der Autoren meint, den wahren Mozart entdeckt zu haben.
Ich erinnere an die 140 wichtigsten Werke über Wolfgang Amadeo-Amadè-Amadeus Mozart, die ich mir im Laufe meiner Studien angeschafft habe. Die Autoren entwickeln 140 voneinander abweichende, aber auch übereinstimmende Charakterbilder des Komponisten – jeder hat sein eigenes

---

85 Zitiert: Dorothea Leonhart: "Mozart", Seite 197/198

Mozart-Bild! Aber - der wirkliche Mozart wird immer ein Geheimnis bleiben.

Ich denke, das ist auch gut so!

Mark Twain hat einmal gesagt: **„In was für einer glücklichen Lage befand sich Adam: Wenn er etwas Kluges sagte, konnte er sicher sein, dass es niemand vor ihm ausgesprochen hatte."**

Also, was kümmert's mich, was andere geschrieben und gesagt haben. Es ist einfach so, dass jede Zeile, die ich lese, in irgendeinem Winkel meines Gehirns ihren Platz findet und bei Bedarf abgerufen werden kann.

„Schon längst hat die Wissenschaft gezeigt, dass Musik – allein das Hören von Musik – die Kunst ist, die uns am unmittelbarsten berührt und die intelligent macht.

Die Musik liefert dem Gehirn mit Melodie, Harmonie, Rhythmus und Form komplexe und komplizierte Informationen und bringt es mächtig in Bewegung, oft bis an seine Leistungsgrenze. Musik führt zum Denken, zur Intelligenz - und in den schönsten Momenten zu der Erfahrung, dass es da mehr gibt zwischen Himmel und Erde, als wir uns vorstellen können.[86]

Ob die Musik nun tatsächlich 'das Gehirn verändert' sei dahingestellt.

Es ist aber bewiesen, dass sie einen gewissen Einfluss auf uns hat. Sie fördert die Konzentration, kann unser Seelenleben positiv stärken und ist ein starker Reiz für neurologische Umstrukuierungen.

Natürlich spielt es eine wichtige Rolle, welche Art von Musik ich höre: Klassische Musik – auch der klassische Jazz - wirkt anders als 'Heavy Metal', Hardrock und Techno! -

---

[86] (Wissenschaftler Jourdain)."
(Anne Linsel in der SZ am 24./25.September 2001 „Hör mal, hier ist dein Lied" - Klassische Musik macht intelligenter, zähmt Tiere – und hilft Kindern, die Verhaltensschwierigkeiten haben: Vom heilsamen Segen der Töne)

zumindest auf mich: Barock-Musik – besonders die langsamen Sätze bei Bach, Vivaldi u.a. bewirken durch ihren Vierteltakt, der langsamer als der Herzschlag ist, Entspannung. Musik der Klassik, insbesondere Mozarts Musik, aktiviert unser Denkvermögen, weil ihre Laut-Leise-Zyklen einem Grundmuster unseres Gehirns entsprechen und weil seine Musik alles gleichzeitig ist.

Wissenschaftlich ist auch erwiesen, dass tiefe Bassrhythmen, tiefe Stimmen die Serotonin-Produktion fördern. **„Bässe üben vor allem auf Heranwachsende einen enorm beruhigenden Einfluss aus"** (Jan Uwe Rogge), eine Feststellung, die ich als Bassist vorbehaltlos bestätigen kann.

Wer nicht auf 'Klassik' steht, kann mit langsamen Songs aus Jazz und Popmusik – z.B. 'Yesterday' von den Beatles - ähnliche Erfolge erzielen.

"Es gibt nichts, was so direkt und umfassend auf unser Gehirn wirkt wie Musik! Sie fördert Entspannung, reguliert den Atem, beruhigt den Herzrhythmus und reduziert dadurch psychischen Stress nachhaltiger, als ein Beruhigungsmittel."[87]

Bei Kindern funktioniert die Wirkung der Musik noch viel besser.

„Vor dem Hintergrund der Forschungen kritisieren Fachleute, dass in 80 % der deutschen Grundschulen der Musikunterricht gestrichen wurde – aus Kostengründen. Für Prof. Hermann Rauhe, Präsident der Musikhochschule Hamburg und für mich 'ein Skandal und Idiotie zugleich'. Denn Musik-Erziehung entscheidet nicht zuletzt auch über die Intelligenz der Politiker, Wissenschaftler und Ingenieure von morgen."[88]

---

87 Nr. 51 - Dezember 2015 in "TV Hören und Sehen" - Text: Ulrike Fach-Vierth

88 (Uta v. Usslar/Thorsten Ehrenberg: „Warum Musik uns klüger macht" - TV Hören und Sehen, Datum ?)

Ohne einen ordentlichen Musikunterricht, in dem viel gesungen und mit Orff-Instrumenten gespielt wurde, war für mich der Schulalltag – vor allem in den damaligen Dorfschulen Merkenfritz und Eckartsborn - nicht denkbar.

Im Zauberreich, insbesondere der Musik Mozarts durfte ich viele schöne Stunden erleben und im Verlauf meiner Studien so manches Überraschende entdecken.

Zuletzt bleibt mir die Erkenntnis, die Verdi in seinem 'Falstaff' so treffend formuliert hat:

„Alles ist Spaß auf Erden,
der Mensch ein geborener Tor.
Und bemüht er sich, weise zu werden,
ist er noch dümmer als zuvor.

INTERMEZZO V
Allegro amoroso
„Diese verflixte Zauberflöte"

<<<   „Die Zauberflöte"
Semper-Oper-Dresden
am 23. Mai 2015

„Wien, am 7./8.Oktober 1791.
freytag um halb 11 Uhr

Liebstes, bestes Weibchen! - Eben komme ich von der Oper; - Sie war eben so voll wie allzeit. - Das Duett M a n n und W e i b etc. und das Glöckchen Spiel im ersten Ackt wurde wie gewöhnlich wiederhollet – auch im 2. Ackt das knaben Terzett – was mich aber am meisten freuet, ist, der S t i l l e b e i f a l l – man sieht recht wie sehr und immer mehr diese Oper steigt."

`Wenn der Vater mit dem Sohne ...`
„Die Strahlen der Sonne vertreiben die Nacht ...", die letzten Akkorde waren verklungen, der Vorhang hatte sich hinter einem „kindlich naiven Klamauk", einer ‚Hanswurstiade', geschlossen. Wir hatten die „Zauberflöte" in einer Inszenierung von Achim Freyer erlebt, in der sich die Welt der Wiener Zauberoper mit jener des Märchens vereint: Hier trifft die Hanswurst-Tradition auf die der Aufklärung.
Unsere kleine Familiengruppe machte sich auf den Weg zum nahegelegenen „swissôtel DRESDEN", unserem Quartier. Da gesellte sich Stefan zu mir und meinte: „Also Vadder, die Oper hat mir net gefallen, das ist net meine Musik und außerdem war das ein eigenartiger Schluss, der eigentlich gar kein Schluss war." „Dass Dir dieses eigenartige Ende aufgefallen ist, zeigt aber, dass Dich dieses Märchen doch beschäftigt,"meinte ich. „Schon", murmelte Stefan, „aber da gab es doch so viel Durcheinander und so." „Das ist richtig,

ich hätte Euch vorher die Oper erklären sollen," antwortete ich, „aber dazu ist es ja nicht zu spät."

Kurze Zeit hingen wir unseren Gedanken nach.

Dann fragte ich: „Kannst Du mir zustimmen, wenn ich behaupte, dass jede Zeit ihre Musik, ihren Musikstil hat?" „Ich denke schon, Du meinst, die Zeit, in der Mozart lebte, war die Klassik und heute haben wir Pop-, Jazz- und Technomusik!", stellte Stefan fest. „Stimmt", fuhr ich fort, „Das 18. Jahrhundert ist die Zeit der Aufklärung und Vernunft. Da regierten in ganz Europa Kaiser, Könige, Fürsten und Erzbischöfe. Doch nun gewann die aufstrebende Bürgerschaft immer mehr Macht, zunächst im Handel, dann auch in der Politik. Die Werke des Wiener Dreigestirns Haydn, Mozart und Beethoven sind musikalische Kostbarkeiten, die vom Umbruchgeist dieser auch politisch wichtigen Epoche klingendes Zeugnis ablegen." „Ach ja," meinte Stefan, „dann war diese Zauberflöten-Musik damals das, was heute die moderne Musik lautstark verkündet!" „Das kann man so sagen", meinte ich, „Du musst wissen, dass im Rokoko, so nennt man diesen Zeitabschnitt, sich ganz Wien zu den Klängen der Tanzmusik Mozarts im Kreise drehte. Man pfiff, sang und variierte Mozarts Melodien genau so, wie wir es heute mit dem aktuellen Musikstil praktizieren. Mozart war sozusagen der Popstar des Rokoko, vergleichbar mit Falcos „Amadeus, Amadeus!"

„Der Song ist mir bekannt. Falco soll 1985 nach Berichten von Freunden weinend festgestellt haben, dass er den Höhepunkt seiner Sänger- und Musikerkarriere erreicht hätte und er nichts Besseres mehr folgen lassen könne," stellte Stefan fest.

„In den Adels- und Bürgerhäusern amüsierte man sich mit Hausmusik und jeder – auch jeder Bedienstete musste ein Instrument spielen können. Selbsttun war angesagt, unsere Medien gab es eben noch nicht", erzählte ich weiter „und in meiner Kind- und Jugendzeit konnte ich die Strömungen der zeitgemäßen Musik nach dem Krieg kennen lernen, selbst am

Klavier spielen, mit Deiner Oma tanzen und singen: New Orleans-Jazz, Glenn Miller, Benny Goodman, Louis Armstrong, die Beatles, die Stones usw bis Michael Jackson. Die einzige ‚Musik‘, mit der ich nichts anzufangen weiß, ist dieses heutige Techno-Bumm-Bumm!" „Das glaube ich Dir", lachte Stefan, und ich beendete meine Ausführungen „Aber es gibt auch in der klassischen Abteilung einzelne Musikstücke, die ich nicht so mag, bei Schlager, Musical oder anderer moderner Töne sowieso. Und so akzeptiere ich es auch, wenn man Mozarts Musik nicht mag. Eine Tatsache, die ich zwar nicht verstehe, aber beachte und toleriere. Wie sagt es Voltaire, der ‚Vater‘ der Aufklärung: *„Ich bin zwar nicht Deiner Meinung, aber ich werde mich immer dafür einsetzen, dass Du sie äußern darfst."*

Wir waren im Hotel angekommen und feierten in einem separaten Raum mit den anderen trotz leiser Kritik an der Inszenierung noch lange ein schönes Erlebnis in der Semper-Oper.

Wie so oft nach anregenden kulturellen Ereignissen begleitete mich der Mythos der Zauberflöten-Musik in einen unruhigen Schlaf. Aus allen Ecken sprangen, hüpften und tanzten plötzlich buntgekleidete, zunächst gesichtslose Figuren durch den Raum. Die weißgekalkten Köpfe lösten sich vom Leib, schwebten kichernd und lachend herum, setzten sich auf "fremden" Leibern ab, lösten sich wieder, kehrten zum eigenen Körper zurück, schnatterten aufgeregt und sangen: **"Das klinget so herrlich, das klinget so schön, la-ra-la la la --- nie hab ich so etwas gehört und gesehn, La – ra – la – La La ..."**

Sie wiederholten ihre Ausflüge und waren wie ein unwirklicher Spuk auf einen Schlag verschwunden. In die entstandene Stille hinein ertönte Papagenos Stimmer: „He! -Emanuel, haste geseh'n. was die aus mir gemacht haben?" - Tiefe, schwarze Stille!! „He!! - Du Zipfi, hörst? Ich bin doch kein Popanz?? --- Oder?" Es bleibt still! „Habt Ihr euch das damals so gedacht, der Wolferl und Du? Ihr habt's doch euren Spaß gehabt, als ihr mich erfunden hattet. Ehrlich, Emanuel, hättest du mich so gespielt?" Ein hohles tiefes Lachen ertönt.

<<<<<< < << **Papageno**
in
der Semper-
Oper,
Heft: Seite 25

Tiefe Stimme: „Ich denk' schon. Mir hatte man 1791 ein buntes Vogelkostüm verpasst, das war auch sehr gewagt! Aber dem Publikum hatte es gefallen. Und wir hatten unseren Spaß!" „Na ja," murmelte Papageno: „Spaß hatten wir ja auch – ‚weil uns Amor nicht in Ruhe lässt', --- steht im Programmheft …!" --- Es bleibt still!
Aus dem Dunkel kommt Monostatos gelaufen und stößt mit Papageno zusammen. „Huch!!" Erschrocken schauen sie sich an: „Das ist der Teufel sicherlich – Hab Mitleid!" - erst langsam, dann immer schneller laufen sie in entgegengesetzter Richtung aus dem Bild. Zum Klang der „Zauberflöte" tanzen alle Akteure, also auch die Priester, durch den Raum. Der Hintergrund wird immer heller, die Sonne geht auf und Sarastro singt: „Die Strahlen der Sonne vertreiben die Nacht, zernichten der Heuchler erschlichene Macht." Alle stimmen in den Jubelchor ein" „Heil sei euch Geweihten …"
Ich wache auf

Mir fällt ein Satz ein, den ich in „Mozart – Experiment – Aufklärung"[89] entdeckt habe: **„Die Zauberflöte ist eine Hieroglyphe im Sinne des 18. Jahrhunderts, die ihre ästhetische und intellektuelle Faszination gerade aus ihrer unergründlichen Bedeutung bezieht."**

---

89 MOZART – EXPERIMENT – AUFKLÄRUNG, Seite 769

Unbestritten liegt das Geheimnis der Oper vor allem in der wunderbaren, vielseitigen und kostbaren Musik, die im Zeichen der Liebe der „Zauberflöte" ewige Jugend verleiht.

Die Dresdener Inszenierung der "Märchenoper" durch Achim Freyer fand nicht den ungeteilten Beifall des Publikums. Auch bei uns gingen die Meinungen auseinander und beurteilten das "Spektakel" ("Hanswurstiade") von 'gut gefallen' über 'bedingt gefallen' bis 'nicht gefallen,' Diese Reaktionen waren der Grund, mich wieder einmal intensiv mit dem Werk und der Figur des "Sarastro" zu befassen.

Diese Regiearbeit Achim Freyers löste einen zwiespältigen Beifall aus und war als Einstieg in die klassische Oper für Laien ohne grundlegende Vorkenntnisse ungeeignet. In einem Interview sagte er über seinen Weg zu dieser seiner dritten Zauberflöten-Inszenierung: **"Man kann nicht zweimal in den gleichen Fluss steigen"** und meinte damit: der Reichtum dieses Werkes ist so groß, dass man sich ihm immer wieder von einem anderen Punkt aus nähern muss. Damit hat es ja durchaus Recht, er vergisst dabei nur, dass sowohl Schikaneder als Textdichter und auch Mozart als Komponist sicherlich andere Vorstellungen hatten. Ob Mozart das Werk vielleicht auch so gesehen hätte, muss ich vor allem in Anbetracht der Bezüge dieser Oper zum Freimaurertum bezweifeln.

Nun waren ja zu seiner Zeit in Wien die "Hanswurstiaden" durchaus üblich und beim Bürgertum, das in Kunstangelegenheiten den Adel zunehmend überholte, sogar äußerst beliebt. "Hanswurst" und "Kasper/Kasperle" (Graf von Pocci) waren beim 'gemeinen Volk' Lieblingsfiguren und Schikaneders/Mozarts Papageno hat so etwas "Clownhaftes". Nun aber die ganze Oper von Clowns bevölkern zu lassen und in einer Art Zirkusmilieu anzusiedeln, scheint mir doch ein wenig heftig an den Haaren herbeigezogen zu sein.

Wenn Freyer versucht, die Idee des zirzensischen Handlungsablaufes auf eine 'höhere' Ebene zu übertragen, kommt so eine Art "Welttheater" heraus: Tamino, der weiße, Papageno, der bunte Clown, Sarastro, der Zirkusdirektor und die Königin der Nacht als Trapezkünstlerin, usw. Das volkstümliche Paar Papagena und Papageno, das sich gegenseitig kleine Vögel aus dem Overall zieht: "Eine kleine Papagena – ein kleiner Papageno" frönt dem alternativen irdischen Glück1

Freyer: **"Das ist die Utopie in diesem Werk, dass ein Tamino und eine Pamina als geistige und seelische Ebene, wie Papagena und Papageno als sinnlich-körperliche Naturebene eine Kraft haben, diese Gegensätze zu vereinen - Mann und Weib, oder die zivilisierte Welt und die "Achse des Bösen" menschlich zu vereinigen und zu friedlichen Ergebnissen führt. - Darum machen wir ja Kunst und müssen Gott sei Dank ständig damit leben, weil Amor uns nicht in Ruhe lässt."**

Übrigens frage ich mich, warum Tamino und Pamina und nicht Tamina – parallel zum Natur-Paar Papageno und Papagena?[90] Davon später.

Nun ja, nun gut – man kann Vieles machen, eine Begründung lässt sich immer konstruieren. Vielleicht saß Wolfgang Amadé auf seiner Wolke und freute sich an dieser farbenfrohen Inszenierung – vielleicht! Unter Umständen sitzt er heute noch da und freut sich, dass so wahrscheinlich Amadeus denken würde. Aber er als Amadeo, als Amadé, als Gottlieb hätte sich in dem Fall wohl nicht so tiefgründige Gedanken gemacht. Konnte und musste er ja auch nicht – weil er wusste, dass er diese Oper nicht wie bisher für den Adel, sondern bewusst für die untere und mittlere Schicht des erwachenden Bürgertums und für das einfache Gemüt" komponierte.

Die folgende Aussage des Regisseurs Freyer würde Mozart wohl ungläubig staunend und mit einiger Mühe, den 'Sermon' zu verstehen, zur Kenntnis nehmen:

---

90 Nr. 7. Duett ... Pamina und Papageno. *"Bei Männern, welche Liebe fühlen"* -

"Tamino, die übergroße Tür 'Natur' sich öffnen wollend, findet dahinter nur sich selbst, gefangen in einem Spiegel, sein Bild der Pamina, seine Facetten des Weiblichen, Leidenschaft und Hass der Königswelten, sowie sein Wissenwollen müssen, seinen Unsterblichkeitswahn im Sarastro-Reich. Das Durchbrechen der Spiegelbilder zeigt das Schwarz des Nichts. Ein Albtraum!"[91]

Es kann gut sein, dass Mozart schallend gelacht hat, weil er wieder mal feststellte, was so ein Regisseur in seine Oper hineininterpretiert hatte: Gedanken und Geschehen, an die er im Traum nicht gedacht hatte, - glaube ich wenigstens.

Was hatte sich der Freyer denn da so vorgestellt? Wollte er versuchen, die angeblich vorhandenen Widersprüche und die Dialektik in der Zauberflöte zu erklären und zu deuten? Da ist die **Königin der Nacht,** die die liebende und gute Mutter vorspielt und letztendlich die Koloraturen keifende Furie wird, die von Sarastro den Sonnenkreis ihres verstorbenen Mannes zurückhaben will. Da ist **Sarastro,** dieser vermeintlich gute Anführer einer ominösen Priesterkaste, der sich nach dem Vorbild des George Washington[92] Sklaven hält und deren Anführer, den schwarzen **Monostatos,** mit 77 Sohlenstreichen bestraft, obwohl der Arme doch nur Sarastros Befehle ausführte.

Und dieser Oberpriester faselt von den "Heiligen Hallen" (- eine versteckte Liebeserklärung an Pamina -?), in denen man keine Rache duldet, aber gleichzeitig Rache übt!

So stellt dieser Regisseur lapidar fest, das Ganze seien halt Absurditäten und Widersprüche, die uns im täglichen Leben immer wieder begegnen, und das jede Ideologie, sowohl die der nächtlichen Königin als auch die Sarastros Halbheiten sind. Halbe Wahrheiten und Welten, führen zu Katastrophen, zu Kriegen und zu Zerstörungen.

---

91 Zitat Freyer aus dem Programmheft
92 Washington hielt sich im Süden der USA über 250 Sklaven

Freyer schließt mit dem tröstenden Hinweis: **"Die Liebe und die Kunst sind das einzige Mittel, zu versöhnen, uns zusammenzubringen und zu vereinen.!"**
Mit dem Schlussbild seiner Inszenierung hat Freyer weder sich selbst noch dem Publikum einen Gefallen getan. Seine Geschichte endet in Trümmern, dem Ergebnis des "Krieges" zwischen der nächtlichen Königin und Sarastro. Der etwas wirre Text des Schlusses widerspricht dem Glanz, dem Licht und der Helle der strahlenden Musik: **"Die Strahlen der Sonne vertreiben die Nacht. Zernichten der Heuchler erschlichene Macht"**, endet Sarastro, und das Volk jubelt: **"Heil, sei Euch Geweihten – Ihr dranget durch die Nacht, Dank sei Dir Osiris, Dank sei dir gebracht! Es siegte die Stärke und krönet zum Lohn, die Schönheit und Weisheit mit ewiger Kron!"**
(kommt später noch einmal vor.)
Also – Schluss des Krieges – Chaos, Trümmerfeld und Dunkelheit auf der einen, strahlende Sonnenmusik Mozarts auf der anderen Seite. Ob dem Regisseur das Szenarium der im Brandbombenhagel 1945 untergegangenen Stadt Dresden vor Augen stand?
Sarastro übergibt den Sonnenkreis an Pamina und Tamino und vollzieht mit dieser Handlung einen lobenswerten Generationswechsel: Das Alter tritt ab, und die Jugend übernimmt die Verantwortung.

Wie dem auch sei. Das Regietheater spiegelt in der Regel stets die Vor- und Einstellungen des Regisseurs im Ablauf des Geschehens. Mozart und später vor allem Verdi und besonders Wagner hatten aber ihre Vorstellungen, die sie in ihren Partituren niederschrieben und verwirklicht haben wollten.
Diese Aufführung hat mir aber auch irgendwie gefallen, denn Mozarts Musik strahlte über allem. Das Orchester interpretierte sie nuanciert "mozärtlich" und bewies, dass die "Zau-

berflöte" in ihrer musikalischen Substanz und in ihrer Dramaturgie der Höhepunkt im Opernschaffen Mozarts ist.

In den vielen Versionen, in denen mir die "Zauberflöte" oder Musik daraus begegnete, kristallisierte sich ein offenkundiges Geheimnis in der Begegnung Taminos mit dem Sprecher der "Priester" heraus: in ganzen 16 Takten macht die Macht Sarastros aus dem erbitterten Gegner Tamino einen überzeugten Verfechter-Prinz der eigenen Sache. So oder so ähnlich muss "Gehirnwäsche" funktionieren. Es wird deutlich, dass die modernen psychologischen Methoden der sogenannten Eingeweihten (*"Heil sei Euch Geweihten"*!) den veralteten und überholten Möglichkeiten der Königin der Nacht überlegen sind, - vor allem, wenn es darum geht, neue Anhänger zu gewinnen.

Gerade hier scheinen mir zwei Details besonders deutlich zu werden. Mozart lässt stets lebendige Menschen aus Fleisch und Blut auf der Bühne agieren. Seine Figuren können wirklich alle Eigenschaften, die positiven wie auch die negativen, in ihrer Individualität entfalten. Zudem überlässt es uns Mozart, anstatt eigenmächtig zu verkürzen, zu karikieren, hervorzuheben oder zu verkleinern, kritisch zu ent- und zu unterscheiden. Er greift nie besserwisserisch in die objektive Gesamtgestalt seiner Figuren ein, sondern überlässt es uns, unser eigenes Urteil zu fällen.

"Mozarts singende Menschen sind mehr als nur Bestandteile einer Operneinheit – sie sind auch "SIE" selbst."[93]

"Diese'verflixte' Zauberflöte"

"In diesen heiligen Hallen, kennt man die Rache nicht..."
Für mich als 'Steinkohlenbass' war in allen meiner acht Jahrzehnte dieser Sarastro eine Hauptfigur in dem turbulenten Geschehen. Nicht nur der beiden Arien wegen, sondern be-

---

93 Vgl. Joachim Kaiser Mein Name ist Sarastro Die Gestalten in Mozarts Meisteropern von Alfonso bis Zerlina München Zürich 1985

sonders wegen der Vielschichtigkeit dieses schwer zu durchschauenden Charakters.

Dieser Emporkömmling, der dauernd nachweisen muss, wie edel er ist, hat sich fremdes Eigentum angeeignet und einer Königin die Tochter entführt.[94] Diese Tatsache kann noch nicht einmal der Sprecher dieser "Kaste" abstreiten. Abgesehen vom ominösen 'Sonnenkreis' nimmt er sich einfach die Zauberdinge (Flöte und Glockenspiel), um sie irgendwann, mit seinem Segen versehen, an Tamino und Papageno zurückzugeben. Der Hohepriester ist auf die magischen Kräfte der nächtlichen Königin angewiesen und muss sich ihrer bedienen.

Dass die Königin im 2. Akt immer mehr in ein schlechtes Licht gerückt wird, liegt nicht allein an ihr, sondern ... und das ist der geniale Trick der Oper – vor allem an dem für uns nicht kenntlich gemachten Wechsel der ideologischen Perspektive, an der durch die Priesterkaste vollzogenen und nicht sofort durchschaubaren Umpolung des bisherigen Wertesystems.

Die Königin gerät ohne ihr Zutun in die Position des Unrechts. Und da alle anderen Beteiligten – außer Papageno – die neue frauenfeindliche Moral der „weisen Männer" nicht nur annehmen, sondern sofort verinnerlichen, wird die Königin plötzlich vom ganzen Stück fallen gelassen und in die Illegalität gestoßen.

Dabei muss sie doch nicht dauernd nachweisen, dass sie von Geburt und Adel eine wirkliche Königin ist, denn ihr Adel, ihr Geadeltsein ist in ihrer Gestalt historisch zu gewachsener Substanz geworden, und die strahlt sie auch unmittelbar aus.

Sarastro: "In diesen heiligen Hallen ...!"

Wenn wir davon ausgehen, dass Theater ethisch nur einwandfrei positiv sein kann, wenn der ästhetische Inhalt nur völlig intakt, homogen, geschlossen und widerspruchsfrei sein soll, dann kann man in dieser Arie eine Huldigung der

---

94 Wenn er tatsächlich der Vater wäre (Ingmar Bergman), müsste dieser Fakt deutlich herausgearbeitet werden.

'wundersamen' Lehren des Sarastro und seiner Priester-Män-
nerschaft sehen – Aber ist das so?

Mozart zeigt aber in der musikalischen Gestaltung seiner Protagonisten die positive wie auch die negative Seite, ohne in plumpe akustische Schwarz-Weiß-Malerei zu verfallen. Dies gilt auch und gerade für Sarastro, dessen Charakter musikalisch nuancenreich herausgearbeitet wird. Die negativen Aspekte sind in das positive Gesamtbild untrennbar verwoben. Gerade in der 'Hallenarie' spürt Mozart auch den inneren Vorgängen nach – und dabei deckt er auch Sarastros „wunden Punkt" unerbittlich auf. Der Oberpriester gibt in dieser Arie nur moralisierende Sentenzen von sich, die Musik tut aber so, als handle es sich dabei um Gefühle – um erlebte emotionale Wirklichkeit. Rein formal handelt es sich nicht einmal um eine Arie – sondern um ein – wenn auch raffiniertes – Strophenlied, das aus der volkstümlichen, bürgerlichen Alltagsmusik zunehmend in Mozarts Opern eindringt. Da das Strophenlied niemals ein gegenwärtiges individuelles Erleben beschreibt, kann man ihm auch beliebig viele Strophen anfügen - das ginge z.B. auch in Papagenos Strophenlieder Nr.2 und Nr. 20 – nur geben die sich auch gleich als solche zu erkennen.

Was aber stimmt an und bei dieser '**Hallenarie**' nicht?
Bei der 'Hallenarie' ist es ja gerade der arios-cantable. gefühlsselige, beinahe weinerliche Ton, der den Eindruck erweckt, als würde hier eine starke emotionale Bewegung stattfinden.
„In diesen heiligen Hallen, kennt man die Rache nicht ..."
Wie ist das mit Monostatos – keine Rache? Die Königin, die ihre Tochter zum Mord anstiftet – keine Rache?
„ ... und ist der Mensch gefallen, führt Liebe ihn zur Pflicht." Der Mensch, der seine ihm aufgetragene Pflicht erfüllt, erhält als Belohnung 77 Sohlenstreiche?
Ist 'Sklave sein' eine Pflicht?

„ Dann wandelt er an Freundes Hand vergnügt und froh ins bess're Land ..."

„Das bess're Land" - ist die Anmaßung des autoritär Herrschenden. Sarastro ist das Abbild des modernen, aufgeklärten, bürgerlichen Machtpolitikers der nachrevolutionären Epoche, wie z.B. Washington, der im Norden der USA die Menschenrechte proklamiert und im Süden über 200 Sklaven für sich schuften lässt und als sein Eigentum betrachtet. Und beide – Sarastro wie der Ami, sehen darin weder etwas Unrechtes noch Unmoralisches!

„In diesen heiligen Mauern, wo Mensch den Menschen liebt ..."

Die Mauern umschließen eine Männergesellschaft, die die Eigenliebe pflegt und den Begriff Nächstenliebe nur dann kennt, wenn es zu ihrem Nutzen ist.

„ ... kann kein Verräter lauern, weil man dem Feind vergibt ..."

Mit diesen hehren Worten kann ein schlichtes Gemüt wie Papageno nichts anfangen, denn er wandelt weder an Freundes Hand in ein besseres Dasein, noch weiß er mit den salbungsvoll vorgetragenen Lehren etwas Nützliches anzufangen.

Was aber soll das Ganze?
Was also soll(en) ... diese geschmeidige Gesangslinie?
diese vielen werbenden Sechzehntelketten?
diese seufzenden Vorbehalte?
dieser stark 'tenorale' Duktus der tiefen Singstimme?
diese weiblich klagenden Noten am Ende fast jeder Gesangsphrase?
diese schmerzlich-süßen Verzierungen?

Nur jeweils am Ende der beiden Strophen fängt sich Sarastro wieder, ist wieder Herr seiner Sinne und steigt in die jovial-väterliche Basstiefe einer Respektsperson hinunter!

Hört man die Gesangslinie ohne Text, wirkt sie flehentlich, weinerlich, werbend-verliebt! ... So 'jammert' ein abgewiesener älterer Liebhaber!

Erstmals hört man diesen 'Sound' im ersten Auftritt Sarastros gegen Ende des 1. Aktes: „*Du liebest einen a n d e r e n sehr!*"

Was hier geschieht, ist eindeutig mehrdeutig: Sarastro verschweigt zwar mit Worten seine **Liebe** zu Pamina – aber Mozarts Musik lügt nicht! Sie spricht und erzählt von Sarastros allzu menschlichen Regungen, die dieser verdrängt und sie mit seiner Sorge als 'Vater' (Ersatz, oder Vater (Ingmar Bergman) rationalisiert ... er will Pamina vor dem in seinen Augen verderblichen Einfluss der 'bösen' Mutter bewahren!

Aber er kann machen, was er will, er bleibt ein zwielichtiger, mehrdeutiger und nicht eindeutig einzuordnender Kauz. Er outet sich als seltsame Figur, fast 'Hanswurst' auf der einen, fast 'Heiliger' auf der anderen Seite - als Macho (Liebhaber) bis väterlicher Freund. Bei allen angesprochenen Figuren ist die "Hallen-Arie" wandelbar, passt sich der darzustellenden Sarastro-Figur an und lässt dabei Ausbrüche zu, die emotional gefärbt und komponiert sind.

Für den Sänger ist es von besonderem Reiz mit einer variablen Stimmführung die Klangfarbe und die Lautstärke besonders bei der Stelle: *" ... dann wandelt er an Freundes Hand vergnügt und froh ..."* von schlicht/normal über larmoyant bis zornig/wütend zu ändern.

Dieses so einfach scheinende Lied habe ich oft gesungen. Als Soloarie, unabhängig von der Opernhandlung, ist sie bei vielen Anlässen als "Ständchen" oder auch als "Trauerlied" einsetzbar.

Joachim Kaiser hat in seinem Buch **"Mein Name ist Saras-tro"** eine Charakterisierung dieser Herrscherfigur festgehal-ten, die zeigt, dass Mozarts Gestalten keine 'Marmorfiguren' sondern reale Menschen sind.[95]

So fällt es dem Interpreten leicht, Sarastro auch schauspiele-risch überzeugend darzustellen obwohl die Musik dem Text oft widerspricht. Mir ist es jedenfalls so ergangen. So klang meine Stimme mit der Hallenarie bei der Aufnahmeprüfung an der Staatlichen Musikhochschule Frankfurt 1957 be-stimmt anders als bei der Beisetzungsfeier zu meines Freun-des Hartmut Beerdigung im November 2002.[96]

Eine außergewöhnliche Interpretation der Sarastro-Rolle in einer Reihe interessanter Deutungen zeigt Ingmar Bergmans Verfilmung aus dem Jahre 1975: Sarastro und Königin der Nacht als zerstrittenes Paar in einer 'stinknormalen' Ehekrise – Sarastro als der Vater Paminas! Das ist eine interessante, überraschende Variante. Aber ob Mozart sich vorstellen konnte, dass ein Vater seiner Tochter eine derart seufzer-durchsetzte Liebesschleife, in der der Gestus des Liebhabers herrscht, singen würde, bezweifle ich. Überhaupt wissen wir ja nicht, was Mozart beim Komponieren dachte. Das wird, wie so viele Aspekte in Mozarts Leben ein Geheimnis blei-ben! Peter von Matt hat 'die *Zauberflöte* als das dritte große Rätselwerk unserer Kultur neben Shakespeares *Hamlet* und Leonardos *Mona Lisa* eingestuft, deren Geheimnisse sich nicht lüften lassen.'[97]

Gleich, wie und ob ein Regisseur dieses Meisterwerk in sei-nem Kern trifft oder auch verhunzt, Mozart und Schikaneder haben mit Sicherheit ihren Spaß gehabt und sich diebisch ge-freut. Zwei Könner ihres Faches ließen ihrer überbordenden

---

95 Vgl. Kaiser: MEIN NAME IST SARASTRO.
96 Die 'Hallenarie' – von mir gesungen - war Hartmuts Lieblingsarie Mozarts
97 Vgl Borchmeyer S 20 – Peter von Matt

Phantasie freien Lauf und kümmerten sich nicht um logische Zusammenhänge und Folgen. Grundlegende Einsichten und ausgelassener Theaterspaß werden mit publikumswirksamer Virtuosität als natürliche Einsichten nicht immer regelgerecht jongliert, und so kann es auch geschehen, dass Pamina und Papageno wie ein klassisches Liebespaar miteinander sprechen und singen: *"Bei Männern, welche Liebe fühlen, fehlt auch in holdes Weibchen nicht."*[98]

Vor allem musikalisch bringt Mozart die beiden sehr oft zusammen. Pamina hat häufiger Kontakt zu Papageno als zu Tamino! Die Alliteration ihrer Namen ist bestimmt kein Zufall.. Die beiden '**Pa**'s' haben sich stets mehr zu sagen, als es die dramatische Situation eigentlich fordert. Ein Geheimnis?

Vielleicht, so vermute ich einmal vorsichtig, hatten die beiden Väter der Zauberflöte auch die Absicht, die gesellschaftlichen Verhältnisse ihrer Zeit zu karikieren. **Pa**mina und **Pa**pageno wären eigentlich das ideale Paar, das sogar die sozialen Schranken überwinden könnte. Das aber dürfen sie nicht! In Sarastros Reich eine solche Beziehung? Undenkbar! Also bleibt es schön bei der Trennung: Adel – Bürgertum – gemeines Volk - - - noch!

Mit Papageno wäre es ihr möglich gewesen, die sozialen Schranken und Hindernisse zu überwinden. Aber so, wie die "weisen" Männer, allen voran Sarastro und der 'Tumbe Tor Tamino' mit ihr umgegangen sind, war zu viel, die Qualen zu groß. Man hatte ihr einfach zu viel zugemutet. Sie ist das Opfer von sinnlosen Prüfungsritualen, die sie nicht durchschauen kann. Das Feuer ihrer Menschlichkeit wurde zum Verlöschen gebracht. Sie wird nun nicht mehr leiden. Die Zeit heilt zwar alle Wunden, aber Asche fängt nicht mehr zu brennen an … **"… So wird Ruh' im Tode sein..."**

Die wirkliche Emanzipation der Frau und somit auch der Gesellschaft ist verhindert worden.

---

98 Vgl. Seite xx, N.r 7

In meinem Verständnis dieser Oper ist Pamina die eigentliche Heldin des Geschehens. Mozart, so denke ich, hat ihr eine der schönsten Arien: *"Ach, ich fühl's, es ist entschwunden"* geschrieben, die eine liebende Frau in ihrem Schmerz charakterisiert.

Trotz allem ist es Pamina, die am Ende die Initiative ergreift und ihrer künftigen Aufgabe als Gattin des Tamino gerecht wird. Sie ist der stärkste Charakter in diesem 'Zauberstück'! Wenn der Chor zum Finale aus dem Hintergrund die bemerkenswerten Worte: *"Es sieget die Stärke und krönet zum Lohn die Schönheit und Weisheit zur ewigen Kron'!"* jubelt, wird uns klar, dass die Welt auseinandergebrochen ist: in Oben und Unten --- in Gut und Böse!

Es ist allein die Musik Mozarts, die das Ganze mit ihrer musikalisch-hypnotischen Kraft bis zum Fallen des Vorhangs standesspezifisch zusammen hält.

"Mozarts Musik enthält die ganze Fülle des Lebens vom tiefsten Schmerz bis zur reinsten Freude. Sie ist erschreckend direkt, ist furchtbar und trotzdem immer schön, erhaben und alles durchschauend, alles wissend."[99]

Fazit:

Die Zauberflöte ist keineswegs ein krauses Machwerk, sondern die tiefgründige Zusammenschau des Übergangs von der alten, feudalen zu einer neuen bürgerlichen Ordnung.[100] Sie ist kein pfuscherhaft, eilig zusammengeflicktes Opus, sondern eine Theaterdichtung zweier – zugegeben auch schlitzohriger - Meister ihres Metiers. Aus vollem Herzen geschaffen ist die Zauberflöte auch so ehrlich. Sie ist ein Werk, das ein Kind ebenso wie auch den erfahrensten Menschen entzücken und zu Tränen rühren kann. Selbst den weisesten Menschen kann die Zauberflöte erheben, und nur dem lediglich Gebildeten oder dem Barbaren sagt sie nichts.

---

99 Nikolaus Harnoncourt, leider weiß ich die Fundstelle nicht mehr.
100 Aufklärung, Französische Revolution 1789, Niedergang des Absolutismus

Günter Rennert hat das Schlusswort:

"Die echte Größe eines klassischen Werkes zeigt sich darin, wie stark seine Kraft ist, in die Zeiten hinein zu wirken und jeder Generation ein Gleichnis allgemein menschlicher Spannungen zu geben oder auch im Spiegel der Geschichte ein heutiges Problem sichtbar zu machen. (...) Welche Wandlung die Zauberflöte im Laufe der Zeit erfahren hat, wie sie einmal ein Volksstück war, dann Mysterienspiel, Märchen und weltweites Gleichnis, brauche ich nicht besonders zu betonen. Immer ist die Zauberflöte Theater, echtes Musiktheater!"[101]

IM ANHANG

ZAUBER DER ZAUBERFLÖTE
Adaption der „Zauberflöte"
von Wolfgang Amadé Mozart
Idee und Text Manfred Krumeich
und Peter Utinov

und Tonträger (DVDs, CDs) der Zauberflöten-Inszenierungen, die Grundlage für dieses Kapitel sind.

---

101 Günter Rennert Salzburger Festspiele 1960 (Internet)

LARGO CANTABILE RITARDANDO

Lieber Wolfgang Amadeo MO-ZART,
es geht nicht anders, wie so viele andere muss auch ich Ihnen schreiben. Ich muss Ihnen einfach danken für so viele, unzählige wunderbare Stunden, die ich mit und durch Ihre Musik erleben durfte und immer wieder neu erleben darf.

Oft hat man dem Schicksal vorgeworfen: „Wen die Götter lieben......!" Nein, ich liebe diese ‚Götter' nicht, die die Unvollendeten vorzeitig ‚heimholen!' Darin bin ich z.B. mit August Everding einig, und ich haderte lange Zeit mit Gott wegen Ihres so frühen Dahinscheidens. Jedem, der beteuerte: ‚Mozarts Musik lässt mich an Gott glauben', widersprach ich.

Ihr Tod, lieber Mozart, hinderte mich zuweilen, an einen Gott zu glauben. Oder sind Sie, wie ein Pfarrer in einer Predigt behauptete, „das unverdiente Geschenk Gottes an die Menschheit?"

35 Jahre sind Sie geworden, Sie hatten noch so viel vor, wie die vielen leer gebliebenen Seiten in Ihrem „Verzeichnüss meiner Werke" beweisen. Ist es nicht ein himmelschreiendes Unrecht, dass ein Genie wie Sie so früh sterben musste, während so viele ‚Idioten' steinalt werden?

Aber so allmählich begreife ich, dass es Ihre Musik ist, die mir sagt, dass es einen (ein Religion-freies Etwas) 'Gott' oder ein übergeordnetes Wesen geben muss.

Mit 35 Jahren sind Sie gestorben, ich bin bisher um mehr als das Doppelte älter als Sie geworden. Ich habe ein Alter erreicht, dass Ihnen verwehrt blieb. Mit wachen Sinnen haben Sie Ihre Zeit er- und gelebt.

Was würden Sie zu den heutigen Problemen sagen? Ob sie noch einmal einen Selim Bassa („Entführung aus dem Serail") so großherzig menschlich handeln ließen?
Waren Sie glücklich? Es fehlte Ihnen doch oft an Aufträgen und am schnöden Mammon.
Heute könnten Sie im Genuss der Urheberrechte mindestens ganz Österreich aufkaufen – von Salzburg ganz zu schweigen. Als Kind hat man Sie mit Ruhm überschüttet, als Erwachsener hat man Ihnen oft die Anerkennung versagt, weil man Ihre herrliche Musik nicht richtig verstand oder nicht verstehen wollte ... nur ganz langsam erfassen wir Ihre Größe, Ihren Genius und werden noch lange Zeit benötigen, sie zu begreifen!
Ob Sie also glücklich waren, weiß ich nicht, eines aber weiß ich gewiss: „Sie haben mir mit Ihrer Musik mehr Glück geschenkt, als jeder andere Komponist – vor allem dann, wenn ich Ihre Musik singend ausüben durfte.... in den Rollen als Osmin, als Sarastro oder Leporello.

Wer sagt: „Ich liebe Mozart's Musik", entblößt sich und bekennt, dass er sich in seinem Herzen noch etwas Kindliches, Freudiges, Heiteres bewahrt hat.

Wer sagt; „Ich liebe Mozart und seine Musik!", bekundet lauthals, dass er lachen, spielen, rennen, sich im Gras wälzen, den Himmel umarmen, die Blumen liebkosen und hin und wieder mal albern sein möchte.[102]

„Ich liebe Mozart!" – bedeutet Lebendigkeit, ein pochendes Herz, Sonnenwärme auf den Schultern und das Wunder zu leben.

---

102 Das hat doch mit dem Tourette-Syndrom nichts zu tun – oder?

Ich bekenne: „Ich liebe Deine Musik, Wolfgang Amadé Mozart, in all' ihrer Schönheit, Heiterkeit, Dämonie und Wehmut. Deine Musik ist der Liebe, der Bewunderung und des Staunens würdig, sie geht direkt zu Herzen und lässt die Welt, die so langsam aus den Fugen gerät, kurzzeitig in einem positiven Licht erscheinen.
Sei umarmt!

PS: Entschuldigen Sie, dass ich ins DU verfiel –
Ihre Musik ist mein Lebenselixier.

Eines Tages aber muss auch ich ‚gehen', muss ich mich wieder eingliedern in den ewigen großartig einfachen Kreislauf des Seins.
Welche Musik aus Ihrer Feder empfehlen Sie mir für diesen Augenblick? Bitte, machen Sie mir einen Vorschlag. Ich möchte nichts Trauriges und nichts Pompöses. Fällt Ihnen etwas Passendes ein? (siehe oben und Seite 2 'Signum')[103]
Danke!

Ihr *Manfred Krumeich*

Wenings, im Jahr 2019

---

103 "Bei Männern welche Liebe fühlen …" (Zauberflöte)

W.A.Mozart KV 451, 3. Satz – 2004 - Pastellkreide

ANHANG

Leonard Bernstein bei der Aufnahme in Waldsassen, April 1990
Foto vom Bildschirm

Vergleichsaufnahmen

harmonia mundi 901393 KV 427 mit Oelze, Larmore, Weir, Kooy
– La Chapelle Royale Orchestre des Champs Élysée – Philippe
Herreweghe

Deutsche Grammophon RESONANCE – KV 427 mit Stader,
Töpper, Haefliger, Sardi – Radio-Symphonie-Orchester Berlin –
Ference Friscay
Stereo 429 161 2

Volume 7; Sacred Works – CD 8 – Brillant Classics 92631/8
Great Mass KV 427 mit Farcas, Kremer, Sans, Fischesser, Came-
rata Würzburg, Champer Choir of Europe, - Nicol Matt

EIN ABSCHIEDSKONZERT –

Leonard Bernstein dirigiert Mozart von Wolfgang Stähr (gekürzt)

L.Bernstein bewunderte in Mozart das Genie der Ungebundenheit, den Komponisten, der alle Regeln, Formen und Konventionen seiner musikalischen Epoche beherrschte. Ein Genie, das jeden Rahmen sprengt: „Mozarts Musik geht über seine Zeit hinaus. Sie führt zurück zu Bach und vorwärts zu Beethoven, Chopin, Schubert, Verdi, ja sogar zu Wagner", betonte Bernstein. „Es ist klassische Musik, doch von einem großen Romantiker geschrieben. Es ist ewig moderne Musik von einem großen Klassiker." Als Mozart-Interpret sollte B. das Staunen nie verlernen, die Ehrfurcht vor einem Lebenswerk (…). B. suchte und und entdeckte in Mozarts Kompositionen den weiten musikhistorischen Horizont; er musizierte M. Zuweilen barock, oft romantisch, mitunter modern, aber nur selten klassisch und schon gar nicht 'historisch'! An seiner Auslegung des „Ave verum" KV 618 werden sich die Geister scheiden: Einige mag sie mystisch und monumental anmuten, wie von überirdischer Ruhe erfüllt, anderen hingegen allzu gefühlvoll zerdehnt und hemmungslos subjektiv erscheinen. Die in Mailand entstandene Motette „Exultate jubilate" allerdings fasst B. unbestreitbar feinsinnig als höhere, heitere Kammermusik auf, als ein Spiel mit himmlischen Perspektiven – und Arleen Auger singt den Sopranpart so weise wie virtuos, lächelnder Souveränität, als hätte die Musik längst alle Erdenschwere, Mühsal und Plage hinter sich gelassen. Mozart, das Genie der Ungebundenheit.

Wenn B. die Mozart'schen Partituren dirigierte, spürte der Hörer die tiefe Zuneigung des Musikers für den Musiker (…), aber er ahnte zugleich die fast scheue Verehrung für den unerreichbaren Klassiker, den großen Kollegen und Vorgänger. (…) B. wagte sich erst spät, buchstäblich im letzten Moment, an die Interpretation der KV 427. (…) Der berühmte, vom Erfolg verwöhnte Dirigent, dessen verschwenderische Musikalität das Publikum entzückte, gesteht offen seine Dankbarkeit, ja Erleichterung nach den Tagen der aufreibenden Arbeit. Und er verrät den heiligen Respekt, den er vor Mozarts Musik empfand.
(…)

In Waldsassen, im Frühjahr 1990, sprach B. überschwänglich von einer Zeit der Wunder: „Es ist die richtige Zeit und der richtige Ort für Mozart, damit er uns stärke, segne und helfe, zu guter Letzt Frieden auf Erden zu erringen!" Eine Zeit der Wunder und eine traurige Zeit. Für Bernstein bedeuteten die Tage im bayr. Waldassen den Anfang vom Ende. (…) An das Jenseits aber gemahnten ihn damals stechende Schmerzen, die ihn beim Atmen peinigten, Warnzeichen der Krankheit, die seine letzten, qualvollen Monate bestimmen sollten. Am 14. Oktober 1990 starb Leonard Bernstein in seiner New Yorker Wohnung.

Doch wenn die Engel, wie der Theologe Karl Barth überzeugt war, in ihrem himmlischen Konzerten Mozart spielen, dürfte sich Bernstein jetzt in bester Gesellschaft befinden: „Exultate jubilate!"

EXULTATE, JUBILATE KV 165 (158a)
Arleen Auger, Sopran – Symphonieorchester des Bayrischen Rundfunks Leonard Bernstein – 14'24 -
Deutscher Text
Erfreuet euch, jubilieret,
O ihr glücklichen Seelen,
indem ihr süße Lieder singt;
eurem Lied antwortend
singen die Himmel Psalmen aus.
Die freundlichen Tage leuchten, es fliehen die Wolken
und Stürme, denn die rechtschaffene und unerwartete Ruhe ist gekommen.
Überall regierte die dunkle Nacht;
froh erhebe dich, du, der du dich bis jetzt gefürchtet hast,
und freudig überreiche dem glücklichen Morgengrauen
deine Hände voll Lilien.
Du Krone der Jungfrauen, du, gib uns Frieden,
Du, bereit zu trösten die Leidenschaft, wo ein Herz seufzt.
Alleluja[104]

---

104 Verfasser unbekannt

ZAUBER DER ZAUBERFLÖTE
Adaption der „Zauberflöte"
von Wolfgang Amadé Mozart

Frank brachte mir die CD der „Großmutter von Küblböck und Co" mit.

„Wer denkt, talentfreie Trällerer auf öffentlichen Bühnen seien eine Erfindung des Fernsehens mit der Sendung ,D.- sucht den Superstar' irrt. Schon 100 Jahre davor ,quälte' eine gewisse Florence Foster Jenkins ihr Publikum in den USA. Als ,stinkreiche Erbin' konnte sie sich ganz ihrem Steckenpferd – der Oper – widmen. Sie richtete jedes Jahr ausverkaufte Konzerte aus, in denen sie persönlich auftrat. Herausgeputzt mit Engelsflügeln und Blumenkrönchen gab sie höchst eigenwillige Interpretationen u.a. auch der ,Königin der Nacht' zum Besten. ... Fürchterlich! ... Aber das Publikum kam in Scharen und zahlte bis zu 6000 Dollar pro Karte!"

Quelle: Jokers Plaudere

Da in unserer Gruppe keine "Königin der Nacht" mitspielte und Mozart ja ,persönlich' in unserer Version anwesend war, konnten wir die ,Jenkins' als Königin der Nach einsetzen. Unser Mozart reagierte entsetzt, als die ersten Takte erklungen waren, brach wütend ab und verlangte eine andere Sängerin. Und diesen Gefallen taten wir ihm. So tanzte ,unsere Königin' zu den halsbrecherischen Klängen der Arien mit vorgehaltener Maske ... und das wirkte durchaus eindrucksvoll, fast etwas gespenstisch!

Unser „Zauber der Zauberflöte" war ein großer Erfolg und wurde mir zum schönsten Geschenk zum endgültigem Abschied vom Singen.

Hin und wieder wurde ich gefragt, warum ich nicht weiter singen wolle. Nun ja, irgendwann muss Schluss sein. Mir ist es lieber, dass die Zuhörer mein Aufhören bedauern als rum zu mosern: *„Mein Gott, d e r singt ja immer noch!"*
Ich versuchte, den Text so zu gestalten, dass auch Zuhörer, die nicht unbedingt Opernfans sind, den Inhalt und den Fortgang der Handlung verstehen.
Ein Sprecher und ‚Mozart', der aus seinen Briefen las, unterstützten das Vorhaben.

Vorwort

„Die Zauberflöte", Mozarts letzte Oper, ist das wohl am meisten und differenziert diskutierte Werk der Musikgeschichte. Was man da nicht alles hinein- und herausgedeutet hat. Sie entstand im Todesjahr des Komponisten und wurde am 30. September 1791 im Wiener Vorstadttheater „Auf der Wied'n" aufgeführt. Emanuel Schikaneder, der Verfasser des Textes, war einer der bedeutendsten Schauspieler seiner Zeit. Aus verschiedenen Stoffen unterschiedlicher Herkunft verfasste er mit genialem Theaterinstinkt ein bühnenwirksames Opus.
Der Inhalt dieses Singspieles ist volkstümlich und der beliebten Zauber- und Märchenwelt entnommen.
Mozart und Schikander waren Mitglieder einer Freimaurerloge, und daher kommt es, dass Teile der Freimaurerrituale mit eingebaut sind.
In der „Zauberflöte" mischen sich Formen des heiteren Singspiels mit dem Ethos der ernsten Oper. Da steht der Spaßmacher neben dem Priester, der Naturbursche neben dem Prinzen, die ‚nächtliche Königin' neben dem Träger des Sonnenkreises, das Dunkle neben dem Hellen.

Und in allem spiegelt sich der Mensch mit all seinen Freuden, Leiden, Hoffnungen, Ängsten und Träumen.
Durch die Musik Mozarts wird das Werk zu einem der bedeutendsten Singspiele der Operngeschichte.
Scheinbar zwanglos reihen sich die musikalischen Nummern Bild um Bild kaleidoskopartig aneinander.
Mozart ist ein ‚Kind' des Rokoko, eine Welt, die man vorschnell der Oberflächlichkeit bezichtigt. Aber in ihr finden wir die Hingabe an die Schönheit und Freude des Lebens im Wissen um die Unabwendbarkeit des Leidens. Ernst und Heiterkeit stehen hier nebeneinander und bedingen sich. Die musikalischen Formen sind knapp und präzise, der Ton der Zauberflötenmusik ist diskret. Dies bewahrt sie vor jeder Sentimentalität. Nie verzerrt sich das Gesicht dieser Musik – auch nicht in Augenblicken heftigster Leidenschaft oder Trauer. Gerade hier tritt ihre zügelnde Kraft in Erscheinung.
In Paminas Arie „Ach, ich fühl's ..." erscheinen Erinnerungen an die Königin der Nacht „Zum Leiden bin ich auserkoren" ... in allen Stücken bildet der streng gehaltene Rhythmus des Orchesters das Rückgrat für den Gesang. Dem ausufernden Gefühl wird das Maß der Musik entgegengestellt, weil *„die Leidenschaften ... niemals bis zum Ekel ausgedrückt seyn müssen, und die Musick ... das Ohr niemalen* beleidigen, *sondern dabey vergnügen muss."*
(Mozart)

Diese Gefasstheit macht die Musik frei für die Entfaltung von Anmut und Schönheit. Die beiden Gegenspieler Sarastro und die ‚nächtliche Königin' treten sich erst am Ende der Oper unmittelbar gegenüber. Ihren Lebensbereich bilden die Sphären ‚Licht und Nacht'.
Wenn aber am Ende die Musik sich verwandelnd in lichte Höhen emporsteigt, heißt es: „Die Strahlen der Sonne vertreiben die Nacht"!

Von dieser Botschaft ist Mozarts Musik beseelt ohne dabei zu vergessen, dass Tag und Nacht zusammengehören.
Diesem Glauben verdankt die „Zauberflöte" ihre Entstehung und ihre noch heute gültige Größe.

Um unsere Gesangsklasse einmal anders zu präsentieren, haben Frank und ich die Idee gehabt, dieses wunderschöne musikalische Märchen mit unseren Möglichkeiten zu gestalten. Wir sind uns sicher, dass es allen Schülerinnen und Kollegen gefallen wird, weil wir mit der Aufführung auch einmal im Rahmen eines Werkes zusammen auftreten können. Dabei übersehen wir die Schwierigkeiten und ‚Tücken', die eine konzertante, u.U. halbszenische Inszenierung mit sich bringt, nicht. Aber wir glauben, die Oper so schön einüben zu können, dass selbst Mozart „auf seiner Wolke" seine Freude daran haben wird.
Schließlich ist er ja auch ‚leibhaftig' dabei, liest aus seinen Briefen und freut sich – bis auf eine Ausnahme, die er schließlich lachend akzeptiert – an unserem Spiel.
Letztendlich gaben uns die Rezensionen Recht.

Für mich aber ging ein langgehegter Wunsch in Erfüllung:

"Diese ‚verflixte' Zauberflöte"

im eigenen Spiel als Sarastro zu erleben. Es war ein würdevoller Abschied vom Singen und mein endgültiger Sieg über die schillernde und widersprüchliche Figur

„Sarastro!"

ZAUBER DER ZAUBERFLÖTE
Adaption der „Zauberflöte"
von Wolfgang Amadé Mozart

Idee: Manfred Krumeich
Text: Manfred Krumeich (unter Verwendung einiger Text-
fragmente von **Sir Peter Ustinov**[105]
und Ausschnitte der Briefe Mozarts an Constanze in der
Rechtschreibung des Komponisten.

Nr. 1 OUVERTÜRE
Nach der langsamen Einleitung erscheinen die Genien und nehmen ihre Plätze ein. Dann folgt Mozart, setzt sich an den Tisch,
um seinen Brief an Constanze zu beginnen.
Ouvertüre bis zum dreimaligen Akkord.

Mozart schreibt an
Constanze

Mozart: „ *... Ach Constanze, ich kann Dir nicht   sagen,
was ich darum geben würde, wenn ich bei Dir in Baden
wäre. ... Aus lauter langer Weile habe ich heute von der
Oper eine Arie komponiert ...*"

Dreimaliger Akkord

105 Salzburger Marionettentheater - am@do DVD-classics

Ja, meine Zauberflöte ... Ich weiß, dass viele Professoren und tugendhaft Gelehrte versteckte hintergründige Gedanken aufspüren wollen, die in der Geschichte vermutet werden.
Sie suchen nach P h i l o s o p h i e ...
        nach M y t h o l o g i e ...
        nach Z o o l o g i e ...
        nach A s t r o l o g i e ...
        und nach "i c h w e i ß n i c h t ... w i e!
In Wahrheit ist doch alles g a n z einfach!

(leise der zweite Teil der Ouvertüre als Hintergrundmusik)

Hört I h r sie ? ...
D a s ist m e i n e Musik!
M e i n e O p e r!
Mein M ä r c h e n ...
D i e ZAUBERFLÖTE
Eine Flöte, die die Welt verzaubert!

(Inzwischen hat der Sprecher am Stehpult Platz genommen.)

Sprecher: Trotz ihres philosophischen Tiefganges war die Zauberflöte für volksnahes Theater geschrieben und an ein Publikum gerichtet, das erwartete, unterhalten zu werden und das an Stücken und Opern Gefallen fand, die seine Phantasie durch pompöse Szeneneffekte anregte.

Mozart: und wie so viele alte wundersame Geschichten beginnt die Zauberflöte mit den Worten:

„ES WAR EINMAL!"

(Dreifacher Akkord – Sprecher ohne Musik)

Sprecher: ES WAR EINMAL eine merkwürdige Welt – in der eigentlich nichts – wenigstens nicht alles – mit rechten Dingen zuging.
Da gab es das Reich des Sonnenpriesters Sarastro, der mit seinen Männern das GUTE verkörperte und den siebenfachen Sonnenkreis bewahrte.
Es gab aber auch das Reich der ‚Königin der Nacht' mit ihren Damen ... Sie sollten zusammen mit dem Mohren Monostatos das B Ö S E darstellen.
Aber – wie das immer so ist – GUT und BÖSE waren nicht so eindeutig verteilt, denn immerhin hielt sich Sarastro Sklaven, und die ‚Königin der Nacht' liebte ihre Tochter sehr.

Mozart: Ihr seht ... ein märchenhafter Stoff, den mir mein Freund aus Salzburger Kindertagen Emanuel Schikaneder, ein wahrer Tausendsassa des damaligen Show-Busyness präsentierte ... ein Stoff so richtig nach meinem Geschmack!

Sprecher: Aber – alles in allem – eine ziemlich verworrene Angelegenheit.

Nr. 2 ganz leise Harmoniemusik: „Der Vogelfänger bin ich ja ..."

Mozart (schreibt): *„Liebes bestes Weibchen ... nun wünsche ich mir nichts mehr als dass meine Sachen in Ordnung wären, nur um wieder bei dir zu sein ... Ich kann Dir meine Empfindung nicht erklären, es ist eine gewisse Leere – die mir halt wehe tuth – ein gewisses Sehnen, welches nie be-*

132

friedigt wird, folglich nie aufhört – immer fortdauert ... es freut mich auch meine Arbeit nicht ... gehe ich ans Klavier und singe was aus meiner Oper, so muss ich gleich aufhören – es macht mir zu viel Empfindung – Basta!"

Harmoniemusik aus - Mozart wendet sich ans Publikum:

Aber erlebt sie nun selbst – die Geschichte meiner Zauberflöte!

Nr. 3 Die Zauberflöte – solo – Klavierauszug S 69 – 8 Takte

Sprecher: In einem Märchen spielt oft ein Prinz eine der Hauptrollen. So ist es auch bei uns.

Nr. 4(leise) Harmoniemusik Nr. 2

In der Zauberflöte heißt dieser Prinz T a m i n o. Als er sich auf der Jagd verirrt, gelangt er in ein fremdes Land – gerade richtig für die dort herrschende ‚Königin der Nacht', die einen Helden sucht, der ihre Tochter befreien soll. Sie ist rasend, weil der Herr des Lichtes – Sarastro – ihre geliebte Tochter entführt hat. Sie sendet drei Damen der Nacht aus – Damen stehen ihr in fast unerschöpflichen Mengen zur Verfügung – damit sie einen Helden ausfindig machen – und die treffen den ohnmächtigen Tamino. Der scheint ihnen als Kandidat geeignet. Die Richtigkeit ihres Urteils muss jedoch bezweifelt werden. Als Tamino eine Schlange zu Gesicht bekommt – zugegeben etwas plötzlich – fällt er in Ohnmacht. Was wiederum ein Glück ist, denn die drei Damen sind so scharf auf den Mann, dass man ihm nur gratulieren kann, rechtzeitig das Bewusstsein verloren zu haben.
(nach Peter Ustinov)
Und nicht viel mutiger ist der Prinz bei der Begegnung mit dem wunderlichen Vogelfänger Papageno, vor dem er sich vorsichtshalber versteckt.

133

Nr. 5 Papageno: „Der Vogelfänger bin ich ja" – live

Papageno: „Der Vogelfänger bin ich ja,
            stets lustig heißa hopsasa!
            Ich Vogelfänger bin bekannt,
            bei alt und jung im ganzen Land.
            Weiß mit dem Locken umzugeh'n
            und mich auf's Pfeifen zu versteh'n.
            Drum kann ich froh und lustig sein,
            denn alle Vögel sind ja mein!"

Mozart: Geh' Papageno, lass mich die zweite Strophe
        singen. Ich hätt' so gern den Papageno gespielt,
        aber der Schickaneder hat mich net singen lassen.

Papageno: Na, dann sing' halt!

Mozart: „Der Vogelfänger bin ich ja,
            stets lustig heißa hopsasa!
            Ich Vogelfänger bin bekannt,
            bei alt und jung im ganzen Land.
            Ein Netz für Mädchen möchte ich,
            ich fing sie dutzendweis' für mich!
            Dann sperrte ich sie bei mir ein
            und alle Mädchen wären mein!"

            Dank' dir schön, Papageno!

134

Papageno:	Bitt' schön, Mozart. Bei der dritten wechseln wir uns ab!
Papageno:	„Wenn alle Mädchen wären mein, so tauschte ich brav Zucker ein. Die, welche mir am liebsten wär', der gäb' ich gleich den Zucker her!
Mozart:	Und küsste sie mich zärtlich dann, wär' sie mein Weib und ich ihr Mann. Sie schlief an meiner Seite ein, ich wiegte wie ein Kind sie ein!"

Papageno geht ab, und Mozart setzt sich wieder an seinen Tisch. Tamino kommt auf die Bühne begleitet von drei Genien, die Tamino das Bildnis der Pamina übergeben. Das Bildnis klebt auf der Rückseite eines Handspiegels, in dem sich Tamino während des Singens mehr selbst als Pamina betrachtet.

| Sprecher: | Als die drei Damen Tamino das Bild der entführten Pamina zeigen, verliebt sich der Prinz augenblicklich ... ein Umstand, der in ihm auf der Stelle wahren Löwenmut erweckt. Tamino besingt Paminas Schönheit in der berühmten Bildnisarie. |

135

Nr. 6 Tamino: „Dies Bildnis ist bezaubernd schön" – live

Tamino:_____„Dies Bildnis ist bezaubernd schön,
wie noch kein Auge je geseh'n.
Ich fühl es, wie die Götterbild
mein Herz mit neuer Regung füllt.
Dies etwas kann ich zwar nicht nennen,
doch fühl ich's hier wie Feuer brennen;
Soll die Empfindung Liebe sein?
Ja ja, die Liebe ist's allein.
O, wenn ich sie nur finden könnte!
O, wenn sie doch schon vor mir stände ...
Ich würde ... warm und rein ...
Was würde ich?
Ich würde sie voll Entzücken
an diesen heißen Busen drücken,
und ewig wäre sie dann mein!"

Sprecher: Mit Donnergrollen erscheint die Königin der
Nacht persönlich und verspricht Tamino
Paminens Hand, wenn er sie befreit.
Sie ist ganz leidende Mutter ...
Aber wenn sie dann anfängt, in den höchsten
Tönen ihre Koloraturen zu trällern, merkt man,
dass sie auf Sarastro eine schreckliche Wut hat.

Nr. 7 Königin der Nacht – Arie Nr. 4 vom Band
Ab: Allegro moderato: „Du ... DU ...!"

Mozart: Hier kommt nun die Zauberflöte ins Spiel – als
Hilfsmittel gegen die Macht des Sarastro …
Sie kann das Herz von Mensch und Tier rühren!

Nr. 8 Zauberflöte solo im Hintergrund

Mozart: Mehrere Genien – also mehr als drei – mit

glockenhellen Stimmen sollen Tamino und

Papageno führen, und auch Papageno als Weggefährte des Prinzen bekommt ein Geschenk ein Glockenspiel, das ihm helfen kann.

Nr. 9 Glockenspiel solo
(Klavierauszug S 75) von der CD

Sprecher: Bestens ausgestattet machen sich Tamino und Papageno auf den Weg. Papageno entdeckt Pamina, die von Monostatos bewacht und bedrängt wird.

Er kann den Mohren ausschalten und Pamina von Tamino berichten. Als sie erfährt, dass sich ein Prinz in ihr Bild verliebt hat, ist das für Pamina so aufregend, dass auch sie sich postwendend und ohne vorherige Besichtigung in Tamino verliebt.

Diese erstaunliche Entwicklung lässt den armen Papageno darüber nachdenken, dass die vornehmen Leute offenbar ihre eigenen Regeln haben in der Liebe, während ein einsamer Vogelfänger von einem nicht vorhandenen Vogelmädchen nur träumen kann.

Dabei ist die Sache doch so einfach!

Nr. 10: Pamina/Papageno
„Bei Männern, welche Liebe fühlen ..."– live

Pamina: Bei Männern, welche Liebe fühlen,
fehlt auch ein gutes Herze nicht.

Papageno: Die süßen Triebe mitzufühlen,
ist dann der Weiber erste Pflicht.

Beide: Wir wollen uns der Liebe freu'n,
wir leben durch die Lieb' allein.

Pamina: Die Lieb' versüßet jede Plage,
ihr opfert jede Kreatur.

Papageno: Sie würzet uns're Lebenstage,
sie wirkt im Kreise der Natur.

Beide: Ihr hoher Zweck zeigt deutlich an:
Nichts Edlers sei als Weib und Mann!
...
Mann und Weib und Weib und Mann ...
reichen an die Gottheit an!

138

Mozart schreibt: „*Liebstes, bestes Weibchen ...*

> *Eben komme ich von der Oper, - sie war eben so voll wie allzeit. Das Duetto „Mann und Weib" und das Glöckchenspiel im ersten Ackt wurde wie gewöhnlich wiederhollet ...*
> *Was mich am meisten freut, ist der S t i l l e b e i f a l l,*
> *Man sieht so recht, wie sehr und immer mehr diese Oper steigt ...!"*

Nr. 11 Die Genien: (Anzahl unbegrenzt)
„Zum Ziele führt dich diese Bahn ..." – live

Genien: Zum Ziele führt dich diese Bahn,
      doch musst du, Jüngling,
      männlich siegen!
      Drum höre uns're Lehre an:
      Sei standhaft, duldsam und verschwiegen!

Sprecher: Drei Prüfungen sollen Tamino und Papageno
      bestehen – Schweigsamkeit, Standhaftigkeit und
      Duldsamkeit sollen sie beweisen.
Dazu zeigen die Genien Tamino den Weg zu Sarastros Tempellandschaft.
Hier findet er keinen bösen Zauberer, sondern in Sarastro einen weisen und klugen Herrscher. Vorher hatte Tamino mit seiner Flöte alle möglichen hungrigen und wilden Tiere besänftigt, selbst ein paar Pinguine, Botschafter aus arktischen Gefilden, waren dabei.

Nr. 12 Tamino: „Wie stark ist nicht dein Zauberton
      Live – mit Begleitung der Flöte, Klavierauszug
      (S 69 – 70) bis ... „Pamina bleibt davon ..."
      weiter S 71 „ ... vielleicht"

Tamino: Wie stark ist nicht dein Zauberton,

weil, holde Flöte, durch dein Spielen
selbst wilde Tiere Freude fühlen.
(spielt)
Wie stark ist nicht dein Zauberton,
weil, holde Flöte, durch dein Spielen
selbst wilde Tiere Freude ...
doch, nur Pamina, nur Paminen bleibt davon ...

Papagenos Flöte

Tamino: (Adagio)
    Vielleicht sah er Pamina schon –
    Vielleicht eilt sie mit ihm zu mir ...
    Vielleicht führt mich ihr Ton zu ihr!

Mozart: Es geschehen seltsame Dinge – aber ich hab'
    halt `ne schöne Musik dazu geschrieben.

Nr. 13 Glöckchenspiel und Chor der Sklaven als
    Harmoniemusik im Hintergrund (könnte auch von
    den Genien leise gesungen werden.
    „Das klinget so herrlich ... „ CD

Mozart: Papageno lässt zum Beispiel den Monostatos und
    alle Sicherheitskräfte Sarastros zu seinem Glok-
    kenspiel tanzen ... wie aufgezogene Spielzeugfi -

guren hüpfen sie um sie herum ... und Pamina und Tamino sehen sich zum ersten Mal wirklich und wollen sich umarmen.

Sprecher: Da erscheint Sarastro und trennt Tamino und Pamina. Mit unerschütterlicher Ruhe erklärt er Pamina, dass er nicht bereit ist, sie zu ihrer Mutter zurückkehren zu lassen ... und auch für die Verbindung mit Tamino sei es zu **früh**. Er handelt weise ... er trennt die Liebenden, weil er weiß, dass nur das Bestand hat, was man erst erringen muss.

Dreifacher Akkord

Mozart: Monostatos wird bestraft – nicht, weil er seine Pflicht verletzt hatte – sondern weil er sich nicht an die humanen Regeln der Eingeweihten Sarastos gehalten hat. Daraufhin wechselt er ins feindliche Lager der Königin der Nacht.
Tamino und Papageno werden zum Tempel geführt, wo sie sich den Prüfungen unterziehen sollen.
Sarastro aber und seine Männer versammeln sich zur Beratung.

Nr. 14 Sarastrio: „O Isis und Osiris" – live

Sarastro: O Isis und Osiris schenket
der Weisheit Geist dem neuen Paar.
Die ihr der Wand'rer Schritte lenket,
stärkt mit Geduld sie in Gefahr ...

Lasst sie der Prüfung Früchte sehen,
doch sollten sie zu Grabe gehen,
so lohnt der Tugend kühnen Lauf ...
nehmt sie in Eu'ren Wohnsitz auf ...

Mozart schreibt: *„A Madame Constance Mozart, a,*
Baaden ... sammstags Nacht um ½ 11
Uhr: liebstes, bestes Weibchen
... mit größtem Vergnügen fand ich bey meiner heimkehr
aus der Oper deinen brief; - die Oper ist, obwohl samms-
tags allzeit wegen Posttag ein schlechter Tag ist, mit ganz
vollem Theater mit dem gewöhnlichen Beifall und repetiti-
onen aufgeführt worden ... morgen wird sie noch gegeben
... Da werde ich Mama hinein führen ... das Büchel hat ihr
vorher schon der Hofer zu lesen gegeben – bey der Mama
wird's heißen, die s c h a u e t die Oper, aber nicht, die
h ö r t die Oper.“

Sprecher: Auch Pamina sieht ihrer ersten Prüfung entgegen.
Ihre Mutter erscheint. Gekränkt und böse wie sie ist, hat
sie eine Mordswut, weil nicht alles so verläuft, wie sie es gerne
möchte. Sie fordert von ihrer Tochter die Ermordung Sarastros.
Sie ist fürchterlich wütend ... so fürchterlich, dass sie mehr trällert
als je zuvor.
Dabei vertut sie sich dauernd in den Tonhöhen ... und alles wird
entsetzlich falsch![106]

---

106   Gesang von Florence Foster Jenkins – CD -

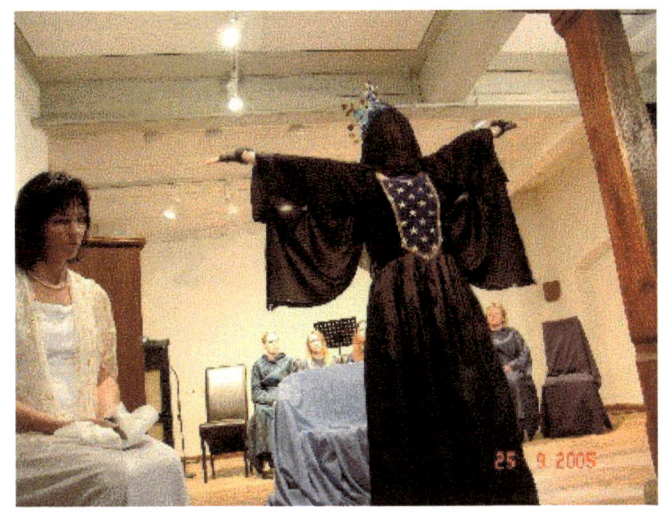

Nr. 15 „Der Hölle Rache ...“ Königin der Nacht

Mozart unterbricht nach einer Weile (Original Mozart):
„Potz Himmel, Kroaten schweren Not! Potz
Element, Hexen, Druiden, Kreuz Batallion
und kein End! ... Esel, Büffel, Hundsfötter,
Ochsen, Narren und Fexen! Was ist das für
eine Manier!“
--------------------- >
Ich bin ja nun Einiges gewohnt ... was diverse
Regisseure mit meinen Opern gemacht haben und
was da so alles reingedeutet wird und wurde ...
Aber das .... O weh! ... Sapperlot, ... Entsetzlich!
Da hättet ihr meine Schwägerin Josepha Hofer bei
der Uraufführung hören sollen ...

Fortsetzung der Arie mit ‚ordentlichem' Gesang!

Trotz der schrecklichen Töne weigert sich Pamina,
den Mord zu begehen, da sie die Güte Sarastros –
und auch seine Liebe kennen gelernt hat.

143

Nr.16: Sarastro „In diesen heil'gen Hallen" – live

Sarastro: In diesen heil'gen Hallen
Kennt man die Rache nicht.
Und ist der Mensch gefallen,
führt Liebe ihn zur Pflicht.
Dann wandelt er an Freundes Hand,
vergnügt und froh ins's bess're Land ...

In diesen heil'gen Mauern,
wo Mensch den Menschen liebt,
kann kein Verräter lauern
weil man dem Feind vergibt.
Wen solche Lehren nicht erfreu'n,
verdienet nicht ein Mensch zu sein ...

Dreifacher Akkord

Nr. 17 –Spielszene (Klavierauszug S 112)

Papageno: (Kommt und trällert: „Der Vogelfänger bin ich ja...")

    Nicht einmal einen Tropfen Wasser bekommt
    man bei diesen Leuten, viel weniger sonst was!
    Ein altes Weib kommt mit einem Glas Wasser an
    gehumpelt
    Ist das für mich?

Alte: Ja, mein Engel!

Papageno: (trinkt und schüttelt sich)
    Nicht mehr und nicht weniger als Wasser!
    Sag mir, du unbekannte Schöne, werden alle
    fremden Gäste auf diese Weise bewirtet?

Alte: Freilich, mein Engel!

Papageno: So – so! ... Auf diese Art werden die Fremden
    gar nicht so häufig kommen! ?

Alte: Sehr wenig!

Papageno: Kann mir's denken. – Geh, Alte, setz' dich her
    zu mir, mir ist die Zeit verdammt lange. – Sag
    mir, - wie alt bist denn du?

Alte: Wie alt?

Papageno: Ja!

Alte: Achtzehn Jahr und zwei Minuten!

Papageno: (lacht) Achtzig Jahr und zwei Minuten!?

Alte: Nein – a c h t z e h n Jahr und zwei Minuten!

Papageno: (lacht) Ei, du junger Engel? – Hast du auch
        einen Geliebten?
Alte: Ei, freilich!

Papageno: Ist er auch so jung wie du?

Alte: Nicht ganz - er ist um zehn Jahre älter!

Papageno: Um zehn Jahre älter als du? Das muss eine
        Liebe sein! –
        Wie nennt sich denn dein Liebster?

Alte: P a p a g e n o !

Papageno: (lacht) Papageno!
        (erschrickt) – Pa – Pa – Papageno?
        Wo ist er denn, dieser Papageno?

Alte: (zeigt auf Papageno): D a sitzt er, mein Engel!

Papageno: I c h   wäre dein Geliebter?

Alte: Ja, mein Engel!

Papageno: Sag mir, wie heißt du denn?

Alte: (wirft die Verkleidung ab)
        P a p a g e n a!
        (läuft weg)

Papageno: (rennt hinter her)
        Pa ... Pa ... gena!

Nr. 18: Die Genien: "Seid uns zum zweiten Mal ..." –live

Genien: Seid uns zum zweiten Mal willkommen,
      ihr Männer, in Sarastros Reich.
      Er schickt, was man euch abgenommen,
      die Flöte und die Glöckchen euch!
      Wollt ihr die Speisen nicht verschmähen,
      so esset, trinket froh davon!
      Wenn wir zum dritten Mal uns sehen,
      ist Freude eures Mutes Lohn.
      Tamino --- Mut!
      Nah ist das Ziel!
      Du, Papageno, schweige still!

Sprecher: Papageno ist zu redselig, sein Mädchen wurde
      ihm vorerst entzogen. Stillschweigen ist dagegen
      für Tamino – kultiviert durch seine unsterbliche
      Liebe zu Pamina – eine Kleinigkeit.
      Pamina aber ist verzweifelt! Sie hat große
      Zweifel, sie glaubt, Tamino liebe sie nicht mehr
      und singt eine der schönsten Arien, die Mozart
      je für eine liebende Frau komponiert hat.

Nr. 18: Pamina: „Ach, ich fühl's ...." – live

Pamina: Ach, ich fühl's, es ist entschwunden,
      ewig hin der Liebe Glück ...
      ...
      Nimmer kommt, ihr Wonnestunden,
      meinem Herzen mehr zurück.
      ...
      Sieh, Tamino, diese Tränen fließen,
      Trauter, dir allein ...

Fühlst du nicht der Liebe Sehnen.

...

So wird Ruhe,
so wird Ruh' im Tode sein!

Sprecher: Es ist immer das Gleiche ... Die Liebe ist so
grausam!
Aber Geduld!
Für Papageno dagegen ist Liebe etwas ganz
Anderes ... Sie ist eine vergnügliche
Angelegenheit ... etwas Bodenständiges ..
Ungefähr so:

Nr. 19: Papageno: „Ein Mädchen oder Weibchen ...“ live
Papageno erscheint mit einer Flasche Wein ... trinkt zwischen-
durch ... der Alkohol wirkt: aber dezent bleiben!

Papageno: Ein Mädchen oder Weibchen
wünscht Papageno sich!
O, so ein sanftes Täubchen
wär' Seligkeit für mich.
Dann schmeckte mir Trinken und Essen,
dann könnt' ich mit Fürsten mich messen,
des Lebens als Weiser mich freu'n ...

und wie im Elysium sein!

Ein Mädchen oder Weibchen
wünscht Papageno sich!
O, so ein sanftes Täubchen
wär' Seligkeit für mich.
Ach, kann ich denn keiner von allen
den reizenden Mädchen gefallen?
Helf' eine mir nur aus der Not,
sonst gräm' ich mich wahrlich zu Tod!

Ein Mädchen oder Weibchen
wär' Seligkeit für mich ...
Wird keine mir Liebe gewähren,
so muss mich die Flamme verzehren,
doch küsst mich ein weiblicher Mund,
so bin ich schon wieder gesund!

Sprecher: Das Glöckchenspiel verleitet Mozart dazu,
seinem Freund Schikaneder als Papageno einen
Streich zu spielen, und den muss er unbedingt
seiner Constanze, die ja in Baden zur Kur weilt,
schreiben.

149

Mozart schreibt:

„ liebstes, bestes Weibchen ...
heut' hatte ich ein vergnügen ... ich ging auf das
Theater ... bey der Arie des Papageno mit dem Glocken-
Spiel, weil ich heut' so einen trieb fühlte, es selbst zu spie-
len .. Da machte ich mir nun den Spaß, wie Schikaneder
einmal eine haltung hat, so machte ich eine Arpegio – der
erschrak – schauete in die Szene und sah mich – als es das
2te mal kamm – machte ich es nicht – nun hielt er und
wollte gar nicht mehr weiter – ich errieth seinen Gedanken
und machte wieder einen Accord – dann schlug er auf das
Glöckchenspiel und sagte: Halts Maul – alles lachte dann
– ich glaube dass viele durch den Spaß fad erstemal erfuh-
ren, dass er das instrument nicht selbst schlägt. – Übrigens
kannst du nicht glauben, wie charmant man die Musick
ausnimmt in einer Log die nahe am Orchester ist – viel
besser als auf der galerie – sobald du zurück kömmst must
du es versuchen. - !"

Sprecher: Kehren wir zu Pamina zurück.
Sie ist verzweifelt, und wären nicht im
letzten Moment die Genien gekommen, die
ihr alles erklärten und denen es gelang, das
verzweifelte Kind zu beruhigen ... sie hätte
sich selbst den Dolch in das Herz gestoßen.

Nr. 20: Genien: „Bald prangt, den Morgen zu verkünden ..."
live (bis ..."Götter gleich ...")

Genien: Bald prangt, den Morgen zu verkünden
die Sonn' auf gold'ner Bahn,
bald soll der Aberglaube schwinden,
bald siegt der weise Mann.
Oh holde Ruhe, steig' hernieder,
Kehr' in der Menschen Herzen wieder.
Dann ist die Erd' ein Himmelreich –

und Sterbliche den Göttern gleich!

Sprecher: Tamino steht nun die schwierigste der drei
Prüfungen bevor. – Darum darf er sich ihr
in Begleitung unterziehen – in Begleitung
Paminas!
Die Liebenden fürchten vereint weder
Ungeheuer noch Gespenster ...
Sie steigen hinab in geheimnisvolle Höhlen
... mit Hilfe der wunderbaren Kraft der
‚Zauberflöte' durchqueren sie Wasser und
Feuer!

Nr. 21 Die Zauberflöte – solo

Die drei Prüfungen sind bestanden, und
Sarastro legt ihrer Liebe nichts mehr in
den Weg! Von nun an genießen sie die
himmlischen Freuden der Weisheit.

**Nr. 22: (ganz zart) - Harmoniemusik der letzten Papagenosze-
ne – CD ... und wie Nr. 13 – das Glöckchenspiel**

Mozart: Mein Freund Papageno, der arme Pechvogel, der
keine Prüfung siegreich besteht, beschließt, sich
aufzuhängen.
Das Problem dabei ist, dass das niemanden
kümmert. Und wenn keinem etwas daran liegt,
dann ist es töricht, sich umzubringen. ...
Wieder sind es die Genien, die ihm raten, das Glöckchenspiel zu nutzen ... und das Spiel führt   ihm die Liebe seines
Lebens – Papagena – zu!

Nr. 23: Papageno und Papagena – live

.

Papageno: Pa – Pa – Pa ...
Papagena: Pa – Pa – Pa …
Papageno: Pa – Pa – Pa – Pa …
Papageno: Pa – Pa – Pa – Pa …
usw
Papageno: Bist du mir nun ganz gegeben?
Papagena: Nun bin ich dir ganz gegeben !
Papageno: Nun, so sei mein liebes Weibchen ...
Papagena: Nun, so sei mein Herzenstäubchen!
          ...
Papageno: Welche Freude wird das sein –
Papagena: Welche Freude wird das sein –
Papageno: Wenn die Götter uns bedenken –
Papagena: Wenn die Götter uns bedenken –

Beide: ... Unsrer Liebe Kinder schenken,
             so liebe, kleine Kinderlein ...
Papageno: Erst einen kleinen Papageno –
Papagena: dann eine kleine Papagena –
usw
Papagena: Es ist das höchste der Gefühle –
Papageno: Es ist das höchste der Gefühle –
usw
Beide: ... Der Eltern Segen werden sein!

Sprecher: Noch einmal unternimmt die Königin der

152

Nacht einen Versuch, den siebenfachen
Sonnenkreis zu erobern – doch Sarastro
kann sie mit ihrem Anhang endgültig aus
dem Reich des Lichts verbannen.

**Nr. 24: „Die Strahlen der Sonne..." Harmoniemusik als Unter-
malung!**

Aber seien wir nicht zu hart mit unserem
Urteil über die sternflammende Königin.
Schließlich war sie es, die Tamino und
Papageno mit dem Glockenspiel, den Genien
und der ‚Zauberflöte' ausrüstete.
...
Pamina und Tamino sind der Freuden der
Weisheit teilhaftig geworden,
...
Für Papagena und Papageno gilt das nicht,
die können auf derartige Freuden verzichten
und frönen alternativem Glück.

Mozart: (kichernd) Kann ich gut verstehen!
Und wie sieht es mit E u c h aus?

Sprecher: Eins steht jedenfalls fest:

153

Nr. 25 – Harmoniemusik: „Heil sei Euch Geweihten!"

Mozart: **Herr und Frau Papageno gibt es häufiger als ...**

Sprecher: Prinz Tamino und Prinzessin Pamina!

E N D E

Die "Zauberflöten – Mann(Frau)schaft"

Alle Fotos der „Zauberflöte" wurden in Kriftel, Ortenberg und Büdingen von Günter Zinn gemacht.

154

IM SPIEGEL der PRESSE
Kreisanzeiger vom Montag, dem 26. September 2005
Wetteraukreis
„Zauberflöte" ohne Orchester und Kulisse
Konzertante Aufführung der Mozart-Oper im Bürgerhaus –
Frank Preißer und Manfred Krumeich inszenierten das Werk
Von Hannelore Wohlfahrt

ORTENBERG. Wie man ohne großes Orchester und ohne Bühnenbild den „Zauber der Zauberflöte", wie es im Programm hieß, lebendig werden lässt, das zeigten Manfred Krumeich und Frank Preißer von der Musik- und Kunstschule Büdingen. Sie haben eine wirklich zauberhafte Aufführung der beliebten Mozart-Oper geschaffen, die zusammen mit dem Kulturkreis Altes Rathaus im Ortenberger Bürgerhaus aufgeführt wurde.

Kulturkreis-Vorsitzender Manfred Meuser freute sich bei der Begrüßung der Besucher darüber, dass sogar noch zusätzlich Stühle aufgestellt werden mussten. Die verbindenden Texte dieser Zauberflöten-Aufführung stammen von Manfred Krumeich, einem Mozart-Liebhaber und Kenner seit Jahrzehnten. Frank Preißer hatte in seiner Gesangsklasse in der Musik- und Kunstschule die Arien einstudiert, Regie führten beide. Silvia Marinescu begleitete die Sängerinnen und Sänger am Klavier und für die einleitenden und überleitenden Orchestereinspielungen – im Falle der ‚Königin der Nacht' auch mit Gesang – war wiederum Frank Preißer zuständig.

Wolfgang Amadeus Mozart alias Robert Wegener war bei der Aufführung ebenfalls anwesend. In seinen von ihm laut vorgetragenen Briefen an seine geliebte Constanze, die beim Siegeszug der letzten Mozart-Oper 1791 gerade zur Kur weilte, erfuhr das Publikum seine Gedanken und so manche „Hintergrundinformation".

Der „Sprecher" Harald Wieger sorgte dafür, dass der märchenhafte Stoff, den er als „ziemlich verworrene Angelegenheit" bezeichnete, auch ohne eine durchgängige Handlung verständlich wurde.

Den fröhlichen Vogelhändler Papageno verkörperte Jens Köhler, der sich ein „Mädchen oder Weibchen" wünscht und am Schluss natürlich seine Papagena (Marina Petri) bekommt.

In ihrem berühmten Duett träumen die beiden schon von den vielen kleinen ‚Papapapapagenos'. Prinz Tamino (Mario Gemmer) verliebt sich unsterblich in das „bezaubernd schöne Bildnis" von Pamina (Ute Künzel-Christ). Nach einigen Irrungen und Wirrungen, nach Auftritten der schwarz verschleierten „bösen" Königin der Nacht (Kristin Hossfeld), die ihrer Tochter ein Messer zusteckt, mit dem sie den Sonnenkönig Sarastro, gesungen von Manfred Krumeich, töten sollte, finden auch diese Liebenden zusammen. Daran beteiligt waren auch die Genien (Marina Petri, Nina Hohagen, Isabell Dietz, Padma Reiners, Almuth Zinn, Dorothea Scherer und Kristin Hossfeld), ein Glöckchenspiel und natürlich die Zauberflöte, die „die Welt verzaubern und die Herzen von Menschen und Tieren rühren kann." Als Flötistinnen waren Padma Reiners und Almuth Zinn zu hören.

Seit ungefähr einem halben Jahr haben sich die Mitwirkenden auf diese Aufführung vorbereitet, haben die einzelnen Arien, die Texte und das Zusammenspiel geprobt. Für die Requisiten waren Charlotte Baumann und Axel Fahl zuständig, für die Kostüme Christel Krumeich. Allen Beteiligten, den Sängerinnen und Sänger, der Pianistin und Frank Preißer, der auch für die Einspielungen der Orchesterpassagen zuständig war, wurde von den begeisterten Zuschauern mit herzlichem Applaus gedankt. Ihnen allen ist eine Aufführung der ‚Zauberflöte' gelungen, an der bestimmt auch Wolfgang Amadeus Mozart seine Freude gehabt hätte. Zwei weitere Aufführungen fanden im Büdinger Oberhof statt.

Eine seltene Begegnung in der Auferstehungskirche: Papageno (Jens Köhler) trifft auf seinen musikalischen Schöpfer Mozart (Robert Wegener)

K R I F T E L – 22.09.2005
Mozarts Zauberflöte mit Erklärungen und Pianobegleitung gefühlvoll und schön
Kriftel: „Eines der schönsten Gesangsstücke, die Wolfgang Amadeus Mozart für eine liebende Frau geschrieben hat" sei die Arie der Pamina: „Ach ich fühl's, es ist entschwunden", meinte Sprecher Harald Wieger bei der Aufführung einer bearbeiteten Fassung von Mozarts Zauberflöte in der Auferstehungskirche. Gefühlvoll und schön intonierte Ute Künzel-Christ dieses Stück bei der Vorführung am Sonntagnachmittag und bewies damit, dass Wieger mit dieser Einschätzung sicherlich nicht ganz falsch liegt: „Es ist immer das Gleiche. Die Liebe ist so grausam", sagt der Sprecher, der den Zuhörern Erläuterungen zu der bekannten Oper gab. Denn Pamina singt ihre musikalische Klage in einer Situation, in der sie an ihrer Liebe zu Tamino verzweifelt. Der Prinz, den ihre Mutter, die Königin der Nacht, zu ihr geschickt hat, um sie aus der Gefangenschaft bei dem weisen Sarastro zu befreien, der sie vor dem Einfluss ihrer Mutter

157

schützen will, wird auf die Probe gestellt und darf nicht mit seiner Geliebten sprechen. „Liebst du mich nicht mehr?", fragt Pamina und will sich aus Kummer über das Schweigen Taminos das Leben nehmen.

Begleitet wurden die Sänger nicht von einem Orchester, sondern von der Pianistin Silvia Marinescu, die die Schwierigkeiten des Klavierauszugs mit leichter Hand meisterte. Die Regisseure Manfred Krumeich und Frank Preißer ließen neben der Figur des Sprechers auch den Komponisten selbst auftreten. Als Mozart las Robert Wegener Auszüge aus den Briefen des berühmten Salzburgers. Einige Stellen der Oper wurden über eine Musikanlage eingespielt, so die berühmte Rachearie der Königin der Nacht. Hier hatten die Regisseure einen ungewöhnlichen Einfall. Zuerst war eine Aufnahme mit Florence Foster Jenkins zu hören, einer extravaganten, reichen Amerikanerin, die bereits zu ihren Lebzeiten – sie starb 1944 – für ihren außergewöhnlichen Gesang eher berüchtigt als bekannt war. Um den Zorn des Komponisten über die Verhunzung der immens schwierigen Arie zu besänftigen, gab es dann noch eine etwas konventionellere Interpretation des Stücks.

Als einen „Stoff, so ziemlich nach meinem Geschmack" bezeichnete ‚Mozart' Robert Wege-ner die literarische Vorlage zur Zauberflöte, die Handlung sei aber eher etwas verworren, ergänzte Sprecher Harald Wieger während der Musikforum-Veranstaltung. Wie alle Märchen beginne die Zauberflöte mit „es war einmal", Gut und Böse seien allerdings nicht eindeutig verteilt.

Die Sänger überzeugten durch Leistungen auf hohem musikalischen Niveau. Insgesamt eine recht gelungene Aufführung, die eine oder andere interessante Information über die wahrscheinlich meistgespielte Oper schlechthin nahmen die Zuhörer außerdem mit nach Hause. (jöh)

Papagena und Papageno in Aktion bei der „Zauberflöte"-
Version des Büdingen Belaria – Ensembles

Krifteler Nachrichten – Freitag, der 23. September 2005
„Zauberflöte" erfreute Augen und Ohren
Einen wahren Glücksgriff getan hatte das Musikforum mit
der Verpflichtung des Belaria-Ensembles aus Büdingen, wo
tags zuvor die Premiere der originellen Kurzfassung von Mozarts „Zauberflöte" auf einhellige Zustimmung gestoßen war.
Das Krifteler Publikum war aus dem Häuschen, und der Applaus wollte nach überaus unterhaltsamen 90 Minuten kein
Ende nehmen.
Die Idee von Manfred Krumeich, der auch einen grandiosen
Sarastro sang, und Frank Preißer, der das Ensemble leitet und
die meisten der Sängerinnen und Sänger ausbildet, erwies
sich als originell und tragfähig: Ein Erzähler (souverän: Harald Wieger) und Mozart höchst persönlich (authentisch: Robert Wegener) wiesen den Weg durch das Märchen, wobei
die Zitate aus Mozarts Briefen an seine Constance besonders
berührten. Die geschickte Mischung aus Konserve und Live-
Musik gab dem Ganzen eine zusätzliche, spannende Note.
Hübsche, geschmackvolle Kostüme (Christel Krumeich) und
Requisiten (Charlotte Baumann, Axel Fahl) erfreuten das
Auge.

Dass es auch ein Fest für die Ohren wurde, ist den Darstellerinnen und Darstellern zu verdanken, die sich durchweg von ihrer besten Seite präsentierten. Beispielhaft meisterte Ute Künzel-Christ die überaus anspruchsvolle g-moll-Arie der Pamina. Mario Gemmer verstand es, dem liebenden Prinzen Tamino individuelles sängerisches Profil zu verleihen. Kristin Hossfeld gab der Königin der Nacht pantomimische Kontur. Die halsbrecherischen Koloraturen erklangen dazu aus dem Off. Besonders die Idee, Teile der Rachearie, „gesungen" von der unvergleichlichen Florence Foster Jenkins, einzuspielen. Diese reiche, ehrgeizige Dame hatte in den vierziger Jahren die Carnegie-Hall gemietet und das belustigte Publikum mit Arien genervt, in denen sie nicht eine einzige Note traf. Kein Wunder, dass sich unser Mozart in Kriftel mit Grausen abwendet ...

Marina Petry und Jens Köhler fühlten sich als Papagena und Papagno sichtlich pudelwohl. Das Publikum quittierte ihre irdischen Gegenentwurf zu dem des „Hohen Paares" mit wiederholtem Schmunzeln. Marina Petry komplettierte, wie auch die bereits erwähnte Kristin Hossfeld, das klangschön intonierende Sextett der Genien Dorothea Scherer, Isabell Dietz, sowie Padma Reiners und Almuth Zinn, die zusätzlich ihren Flöten Zauberklänge entlockten.

Silvia Marinescu begleitete einfühlsam am Klavier und am Keybord, das für die Glöckchentöne benötigt wurde. 2006 wird weltweit Mozarts 250. Geburtstag gefeiert. Das Musikgenie steht dann natürlich auch im Zentrum der Aktivitäten des Musikforums. Wegen des großen Erfolges ist ein erneutes Gastspiel des Belaria-Ensembles in Kriftel mit eben dieser Zauberflöte geplant. Ein schöneres Geburtstagsgeschenk ist kaum vorstellbar.

Dietmar Vollmert

M.Krumeich, Öl auf Malpappe, Salieri und Zauberflöte:
Sarastro = Leopold Mozart, aus der Serie "Amadeus"

"Amadeus"
Film von Milos Forman nach Peter Shaffer (Ausschnitt)

Man hört die große Hymne vom Ende des zweiten Aktes:
"Heil sei Euch Geweihten ..."
SALIERI: Er hatte die Freimaurer hineingebracht, das stimmt - o ja – aber wie? Er hatte sie in einen Orden Ewiger Priester verwandelt. (...)
Eine große Sonne geht in der Schauloge auf, und in ihr steht die riesenhafte Silhouette einer priesterlichen Figur. (...)
Und inmitten dieser Sonne – wahrhaftig! - - - sah ich seinen VATER. --- Nicht mehr anklagend, sondern vergebend! Der höchste Priester dieses Ordens streckte voller Liebe seine Hand der Welt entgegen. Mozart fürchtete den Vater nicht mehr: es war die letzte Legende entstanden! --- Oh, diese Klänge – diese Klänge seines neugefundenen inneren Friedens – die meine unverminderte Qual verhöhnten! -
Das war die Zauberflöte - (...)[107]

Die Zauberflöte
Ein Spaziergang durch die Inszenierungen auf DVD und CD, die meiner Arbeit zugrunde liegen – mit Kurzkommentar.
DIREKTOR:
"Ihr wisst, auf unsern deutschen Bühnen
Probiert ein jeder, was er mag;
Drum schonet mir an diesem Tag
Prospekte nicht und nicht Maschinen.
Gebraucht das groß' und kleine Himmelslicht,
Die Sterne dürfet ihr verschwenden;
An Wasser, Feuer, Felsenwänden,
An Tier und Vögeln fehlt es nicht." (...)[108]

---

107 (Peter Shaffer "Amadeus", 7063, Fischer Verlag, August 1985, S112/113)
108 FAUST 1, "Vorspiel auf dem Theater"

Opernhaus Zürich, TDK 2002,

Sarastro: Matti Salminen, Königin: Elena Mosuc, Tamino: Piotr Beczala, Pamina: Malina Hartelius, Papageno: Anton Scharinger, Monostatos: Volker Vogel, u.a.
Chor und Orchester des Opernhauses Zürich,
Dirigent: Franz Welser-Möst

Kommentar
Jonatan Miller, der Regisseur, bringt eine intelligente, werkadäquate Inszenierung auf die Bühne, die eine riesige, verwandelbare, auf die einzelnen Szenen abgestimmte Pyramide in der Mitte eines Bibliothek-Saales zeigt. Durch die sehr guten sängerischen und darstellenden Leistungen der AkteurInnen entstehen Bilder mit Intensität und Farbklang!
Malin Hartelius singt mit jugendlichem wohlklingenden Timbre eine "Muster-Pamina", Matti Salminen präsentiert einen profunden Sarastro und Anton Scharinger verkörpert stimmlich und schauspielerisch einen (Wiener)-Papageno in der Tradition des Schikaneder!
Franz Welser-Möst dirigiert gekonnt ein sehr gutes Sänger-Ensemble und ein nuanciert agierendes Orchester.

Meine Gesamtnote: Sehr gut

TROLLFLÖJTEN
Ingmar Bergman Film
Zweden 1975

Lexikon des internationalen Films
So einig ist sich die Kritik selten: Ingmar Bergmans Verfilmung der «Zauberflöte» aus dem Jahre 1975 ist ein Geniestreich. Als «Streit des zerstrittenen Paars (!) Sarastro/Königin der Nacht» habe Bergman – ganz typisch für ihn – dem Ganzen «den Anstrich einer bürgerlichen Ehekrise» gegeben.

„Mozarts komödiantisches Schauspiel vom Kampf der Mächte des Lichts und der Finsternis, von himmlischer und irdischer Liebe in einer kongenialen Filmfassung von Ingmar Bergman. Obwohl als TV-Produktion konzipiert, kommt die auf große Wirkung angelegte Gestaltung erst im Kino voll zur Geltung. Bergman hat sich nicht damit begnügt, eine Bühnenaufführung abzufilmen, sondern benutzt die Kamera als schöpferisches Mittel und Mitspieler im Geschehen; die Geschichte, in der sich Naives und Mythisches mischen, wurde auf ein menschliches Maß reduziert und fürs heutige Publikum begreifbar gemacht. Viele Motive aus Bergmans früherem Werk klingen an (die grüblerische Suche nach der wahren Kommunikation zwischen Gott und Mensch, Mann und Frau), hier allerdings ins Optimistische und Helle gewendet dank Güte, Toleranz, Weisheit und Liebe, die über Vereinsamung und Haß triumphieren. Ein optischer und musikalischer Genuß von seltener Ausgewogenheit und Schönheit."

Kommentar
"Die Zauberflöte",die uns Bergman präsentiert, zeugt durchaus von seiner Liebe zur Musik Mozarts, zum Theater und zum Film überhaupt und ist ein Genuss, wenn man über einzelne Freiheiten hinweg sieht, die er sich erlaubt. Die Königin der Nacht und Sarastro als 'geschiedenes' Ehepaar zu schildern, kann man akzeptieren - obwohl ich mir sicher bin, dass weder Schikaneder noch Mozart dieses Märchen so sahen. Seine 'Zauberflöte' ist als Hommage a Mozart einfach ein sehr gut gemachter Film, mit beeindruckenden Bildern des Geschehens und einzelner Zuschauer, in deren Gesichtern man die zunehmende Spannung lesen kann. (Auffallend das Mienenspiel des Mädchens)

Meine Gesamtnote: **Sehr gut**

Unter den vielen Einzel- und Gesamtaufnahmen der Oper, die ich auf CDs und Platten besitze, drängt sich die Gesamtaufnahme der "Deutschen Grammophon" von **1964** auf **CD** (Polydor – 449 749-2) als beispielhaft vor. Es ist die 'Kunst der bedeutenden Einfachheit', wie Kurt Böhm Mozarts "Zauberflöte" (fast) zelebriert und alle Akteure mitreißt.

Legendäre Aufnahme – THE ORIGINALS, Hamburg

Sarastro: Franz Crass, Königin der Nacht: Roberta Peters, Tamino: **Fritz Wunderlich,** Pamina: Evelyn Lear, Papageno: **Dietrich Fischer-Diskau,** Monostatos: Friedrich Lenz, u.a. RIAS Kammerchor, Berliner Philharmoniker: **Karl Böhm**

"Die musikalische und vor allem die interpretatorische Analyse tut sich verhältnismäßig leicht, wenn sie Extreme aller Art in den Zeitmaßen, in der Organisation von Übergängen, in der klanglichen Abwägung verschiedener Orchestergruppen und des vereinzelt tonlichen Ereignisses vorfindet – all dies und noch mehr beleben nicht nur die musikalische Auffassung, sie prägen sie im wahrsten Sinne des Wortes."[109]

Böhm drückt hier mit einem mitspielenden Ensemble der Inszenierung seinen unverwechselbaren Stempel auf. Die Darsteller sind schauspielerisch und sängerisch (Klangfarbe) aufeinander abgestimmt und auf ihre Aufgaben hervorragend eingestellt. Wunderlichs Tamino und Fischer-Diskaus Papageno sind für den Mozart-Gesang dieser Zeit entscheidende und Vorbild und Beispiel gebende Persönlichkeiten.

Für mich ist diese musikalische Interpretation die berührendste, beim Hören immer wieder neue Bilder schaffende, nie langweilig werdende Aufnahme in einer Qualität, die nicht jede nachfolgende Aufführung erreicht.

Meine Gesamtnote: "**summa cum laude**"

---

109 Peter Cossè im Beiheft (Libretto)

Bayrische Staatsoper München 1978
Deutsche Grammophon – unitel – 00440 073 4106 -
1983 gefilmt - DVD

Sarastro: Kurt Moll, Königin der Nacht: Edita Gruberova
Tamino: Francisco Araiza, Pamina: Lucia Popp,
Papageno:Wolfgang Brendel – Monostatos: Norbert Orth
Der Chor und das Bayrische Staatsorchester unter
Wolfgang Sawallisch – Dir. August Everding

Everding hatte das Ziel, die gegensätzlichen Elemente dieses
märchenhaften Bühnenwerkes überzeugend darzustellen:
"den Ernst nicht weglassen und den Humor nicht vergessen."
So wurden weder Prospekte noch Maschinen geschont, und
alle Forderungen des Direktors (Faust I) wurden berücksich-
tigt – aber immer so, dass sie glaubhaft wirkten und das Spiel
des gut aufgelegten Ensembles plakativ unterstützen.
Diese Aufnahme der Zauberflöte ist geradezu als klassisch zu
bezeichnen, und die Besetzung kann sich durchaus sehen und
vor allem hören lassen.

Kommentar: Regiemäßig wurde erst gar nicht der Versuch einer Neu- oder Umdeutung unternommen, man hat das Singspiel als solches genommen und es möglichst wirkungsvoll
in Szene gesetzt. Da gibt es keine modischen Mätzchen, keine übertriebene Symbolik, man hat das Märchen einfach in
schöne bewegliche Bilder umgesetzt..

Kurt Molls Sarastro ist glaubwürdig in jeder Beziehung.
Hier ist kein spöttischer Unterton, keine freiwillige oder un-
freiwillige Komik, wie wir sie heute immer wieder finden,
man sieht, 1978 war der Zeitgeist unterschiedlich vom heutigen.
Dieser **Sarastro** ist in der Tat eine moralische Instanz. Einfach gekleidet, wirkt seine Autorität allein durch seine Persönlichkeit – und natürlich vor allem durch **seine Stimme.**
Meine Gesamtnote: Sehr gut

SALZBURG FESTIVAL, 1978 – 1982 aufgezeichnet
Legendary Performances
TDK – DVD-Video

Sarastro: Martti Talvela, Königin der Nacht: Edita Gruberova
Tamino: Peter Schreier, Pamina: Ileana Cotrubas,
Papageno: Christin Boesch, Monostatos: Horst Hiestermann,
Wiener Philharmoniker, Wiener Staatsopernchor,
Dirigent: James Levine, Regie: Jean-Pierre Ponnelle,

Selten ist eine Aufführung der "Zauberflöte" mit derart ein-
helliger Zustimmung und Begeisterung aufgenommen worden wie diese bei den Salzburger Festspielen Ende Juli 1978.
Die Premiere wurde mit nicht enden wollenden Beifall (ste-
hender Applaus) und einem fast zu enthusiastischen internati-
onalem Kritikerlob gefeiert. Neun Jahre blieb diese von dem
Theaterzauberer Ponnelle geschaffenen Inszenierung im Programm und wurde stets aufs Neue wegen ihrer Frische, ihrer
Originalität, ihrer Werktreue und Überzeugungskraft beju-
belt. Wie es der Direktor in FAUST I verlangt, war sie Mysterienspiel und Theatermaschinerie-Komödie eine ideale
Zauberflöte als Gesamtkunstwerk von Musik, Bühnenzauber
(Technik), Szenerie, Kostüme, idealer Besetzung und perfek-
ter Regie.

Kommentar:
Was mir besonders auffällt ist, die absolute Werktreue. Ponnelle hat sich vorbehaltlos auf den Text und den vorgegebe-
nen Inhalt (Mozart, Schikaneder) eingelassen, hat nichts hin-
zugefügt und vor allem nichts weggelassen. Er hat die Zauberflöte beim Wort genommen und die Entstehungszeit mit
allen Einflüssen in die großartige Architektur der Felsenreit-
schule (idealer Spielort!!) integriert. Das sehr spielfreudige
Ensemble agiert bis in die kleinste Nebenrolle mit bestens
aufeinander abgestimmten Klangfarben und verdeutlichen

die unterschiedlichen Gesellschaftsstrukturen: Die Königin der Nacht mit ihren Damen agiert mit barockem Pathos - Sarastro mit seinen Priestern, aber auch die drei Knaben, repräsentieren den aufgeklärten Klassizismus, der über den überholten Barock triumphiert. Dazwischen aber hat Ponnelle die Ebene des Volkstheaters geschaltet, das im Wien der Mozart-Zeit eine bedeutende Rolle spielte. Papageno verkörpert mit Witz; Charme und Gemüt den normalen Bürger dieser Zeit, der mit beiden Füßen fest auf der Erde stehend, den rein irdischen Freuden etwas Positives abgewinnen kann.

Die Wiener Philharmoniker präsentieren unter der Leitung von James Levine Mozarts Musik ohne alles Spekulieren, mit der richtigen Mischung von Leichtigkeit, Pathos, Humor und die Sänger begleitende Zurückhaltung.

Meine Gesamtnote: Sehr gut – beispielhaft!

Foto: Internet: "Die Zauberflöte" bei den Bregenzer Festspielen 2013 A.Köhler

> Die Höllenhunde vom Bodensee <
nach "Der Tagesspiegel" vom 18.07.2013
blue-ray Disc 713804

Sarastro: Alfred Reiter, Königin der Nacht: Ana Durlovski, Tamino:Normen Reinhardt, Pamina: Bernarda Bohre, Papageno: Daniel Shmutzhard, Monostatos: Martin Koch, Prague Philhramonic Choir, Wiener Smphoniker, Dirigent: Patrick Summers, Director: David Pountney

**"Drum schonet mir an diesem Tag
  Prospekte nicht und nicht Maschinen."**

Donnerwetter, hier wurde etwas fürs Auge geboten. Verblüfft fragte sich der Betrachter: 'Was war das? --- War es ein Kasperletheater in der Tradition der Wiener Puppenbühne, war es eine Hanswurstiade wie am anderen Ort beschrieben, oder war es ganz modern ein 'Sciencefictions-Stück?' In jedem Fall aber wollte der britische Regisseur Pountney dem Publikum kein technisch hochgerüstetes Spektakel vorsetzen, sondern seine etwas radikale neue Sicht auf die (verstaubte?) Zauberflöte bildmächtig verwirklichen.
Dabei schonte er tatsächlich **'Prospekte und Maschinen nicht!'**, kürzte aber Original-Text und Musik - und fügte,

169

völlig überflüssig, Sprechszenen (Vorgeschichte) ein, die zum besseren Verständnis beitragen sollten. Unschöne Kürzungen und gar rabiate Streichungen (z.B. 1. Strophe der Hallenarie oder der Schlusschor des 1. Aktes) verträgt die Zauberflöte aber nur sehr schwer – eigentlich gar nicht![110]

Kommentar:
"Wien, den 3. Dezember 1791
Noch einmal möchte ich doch meine 'Zauberflöte' sehen:
Der Vogelfänger bin ich ja ---"
Das allerdings möchte ich bei dieser Sciencefictions-Deutung doch stark bezweifeln! Wir wissen zwar, dass Mozart die Show liebte, sich selbst gern nach der neuesten Mode gut gekleidet in der Öffentlichkeit zeigte und auch biedern Späßen und 'Hanswurstiaden' nicht abgeneigt war, aber für die Inszenierungen seiner Opern in den handschriftlichen Partituren strenge Vorgaben, auch für das Bühnenbild, notierte.
Hier wurde letzten Endes doch ein Zuviel an Effekten, tollen Lichtspielen, passenden und überflüssigen Spektakeln geboten, die den Sinn der Zauberflöte eher verschleierten als aufdeckten.
Wenn am Ende des Stückes Tamino und Pamina als die Repräsentanten der neuen **aufgeklärten** Weltordnung erscheinen, darf man nicht vergessen, dass es eigentlich **Pa**pageno und **Pa**mina waren, die mit ihrem Duett *"Bei Männern, welche Liebe fühlen ...."* die 'neue Zeit' vorausgesehen haben:*"Mann und Weib und Weib und Mann reichen an die Gottheit ran."*

Die Leistungen der Sänger und Akteure konnten zufriedenstellen. Die Wiener Symphoniker hatten es nicht leicht, ihre von ihnen gewohnten musikalischen Feinheiten[111] über die

---

110 Kürzungen und Streichungen kann es nur aus technischen Gründen beim Puppenspiel geben.
111 Die Blue-ray-Aufnahme bringt das Orchester besser zur Geltung

elektronische Anlage zu vermitteln: *"weil die Musik auch in der schaudervollsten Lage das Ohr niemals beleidigen, sondern doch dabei vergnügen muß!"*[112]

Meine Gesamtnote: befriedigend

DIE ZAUBERFLÖTE im Puppenspiel

<u>Vorbemerkung</u>
Wir wissen, dass Mozart ein großer Freund des Kasperl-Theaters und des 'Hanswursts' gewesen war, Schabernak und Albernheiten liebte und gerne seinen Übermut an seinen Freunden und Kollegen ausließ. Dass seine Opern zu seinen Lebzeiten schon von Puppenbühnen ins Repertoire aufgenommen wurden – die Kasperl-Figur war ja auch die Vorlage für den Papageno – nahm Mozart begeistert zur Kenntnis! 'Die Freude teilte er mit seinem Freund Joseph Haydn, der für die Marionettenbühne seines Brotherrn Fürst Esterházy eine Anzahl Stücke komponierte. Kaiserin Maria Theresia war so begeistert, dass sie auch in Schönbrunn ein eigenes Marionettentheater, das heute noch spielt, bauen ließ. Trotzdem hatte sie ein zwiespältiges Verhältnis. Einerseits liebte sie das Figuren-Theater, ließ aber gleichzeitig die Puppenspieler auf den Jahrmärkten von der Zensur beobachten, denn der Kasperl war ihr oft zu politisch und hofkritisch. Es gab damals den "Hanswurst-.Streit", als die Kaiserin das Stegreifspiel sogar verbieten lassen wollte.

HANS PURSCHKE, Puppenspiel-Historiker
"Jahrhundertelang schon ist das Puppenspiel den Menschen Quell der Freude ... immer zieht die Puppe die Menschen magnetisch an. Denn die Atmosphäre des Unwirklich-Phantastischen, eine Aura des Magischen – Mysti-

---

112 W.A.M. 'Das Zauberreich meines Lebens', D.W.Bähr, Seite 113

171

schen umgibt die hölzernen Akteure: herzhafter Humor und groteske Komik bieten obendrein köstliche Unterhaltung."
Und kein technischer Fortschritt vermag diesem urtümlichen und volkstümlichsten aller Schauspiele den Garaus zu machen!

Zwei Puppenspiele der **Zauberflöte** gehören in diese Reihe: Salzburger Marionettentheater (auch live erlebt) und Marionettentheater Schloß Schönbrunn Wien.

Salzburger Marionettentheater
"Die Zauberflöte" – erzählt und präsentiert von Sir Peter Ustinov, Ferenc Friscay, RIAS SYMPHONIE-Orchester Berlin - am@do DVD-Classics, 1994 Deutsche Grammophon

Sarastro: Joseph Greindl, Königin der Nacht: Rita Streich, Tamino; Ernst Haefliger, Pamina: Maria Stader, Papageno: Dietrich Fischer-Diskau, Monotatos: Martin Vantin

"In Mozarts Heimatstadt Salzburg pflegt man die großen Werke des Klassikers nicht nur bei den berühmten Salzburger Festspielen. Schon vor der Gründung im Jahre 1913 rief der Puppenspieler Anton Aicher das Salzburger Marionettentheater ins Leben – eine Institution, die heute noch von der Familie Aicher in der dritten Generation betrieben wird und in aller Welt bekannt ist. Von Anfang an wagte man hier das außergewöhnliche Experiment, Opern mit Marionetten aufzuführen. Eine der bedeutendsten Produktionen der letzten Jahre ist die "Zauberflöte", die 1994 in Zusammenarbeit der Sender ZDF und 3SAT entstand."[113]

Kommentar:
Mit Sir Peter Ustinov wirkt ein begnadeter Erzähler und Opernkenner mit. Seine Zwischentexte sind zwanglose, humorvolle Erklärungen zu Mozarts Meisterwerk und Zusam-

---

113 Text aus dem Beiheft der DVD

menfassungen der Handlung, die für das Puppenspiel aus technischen Gründen gestrafft werden musste.

Er stellt schließlich fest, dass die Oper für Kinder geschrieben sein muss, sich aber letztendlich an die Erwachsenen richtet. Als Puppenspieler bin ich selbst in besonderer Weise in dieses Geschehen eingebunden und weiß aus unzähligen Gesprächen mit unseren Zuschauern, welche Faszination von den scheinbar "toten" Marionetten ausgeht, sobald sie von den Spielern in Bewegung gesetzt werden.

Das Playback für das faszinierende Puppenspiel liefert ein hochrangiges Mozart-Ensemble, das gleichzeitig ein bedeutendes Dokument der Festspiele in Salzburg ist.

Meine Gesamtnote: Sehr gut

Marionettentheater Schloß Schönbrunn
DVD Video – Interspot -

Sarastro: Kurt Rydl   Königin der Nacht: Hellen Kwon
Tamino: Herbert Lippert Pamina: Elisabeth Norberg-Schulz
Papageno: Georg Tichy   Monostatos: Wilfried Gehmlich
Hungarian Festival Chorus, Failoni Orchestra Budapest,
Dir: Michael Halász

"Im Juli 1777 kam Clemens Wenzel von Sachsen, Kurfürst-Erzbischof von Trier, zu Besuch nach Wien. (…) Zu Ehren des Besuches gab das Marionettentheater des Fürsten Esterházy ein Spektakel, das den allerhöchsten Beifall fand,. 'Es wurde deswegen zu Schönbrunn ein Theater erbaut und die Marionetten und Decorationen nach Wien geführt.' (…) Es wird heute als privates Theater geführt. Die Marionetten, die Kostüme, das Bühnenbild werden in Zusammenarbeit mit prominenten Regisseuren, Bühnen- und Kostümbildnern in den hauseigenen Werkstätten hergestellt."

Kommentar:

Vielfarbig, zum Teil grell bunt und sehr plastisch beherrscht das Bühnenbild fast jede Szene und drängt leider oft die wunderschön gekleideten Figuren optisch in den Hintergrund. Dabei staunt der Zuschauer, wie beweglich und elegant – fast menschlich - sich die 80 cm großen Puppen an ihren Fäden bewegen lassen.

Synchron mit Text und Musik führen die Puppenspieler ihre Akteure durch die Szenerie, und man meint zu sehen, wie sich auch ihre Augen beteiligen und vor allem jeder Mund den Text formt.

Mit dem Bühnenbild findet man sich in Schönbrunn wieder und erlebt die Römische Ruine, den Tiergarten und seinen Pavillon. Das größte Kompliment verdienen sich die SpielerInnen, die die Puppen zu Aktionen bringen, die den Kollegen von der großen Oper unmöglich sind. Das aber ist das immerwährende Geheimnis der hölzernen SchauspielerInnen, die besonders dann zur Hochform auflaufen, wenn der Spieler/die Spielerinnen mit seiner/ihrer Figur lebt. Und diese Tatsache kann man bei dieser Zauberflöte erleben.

Bis auf Kurt Rydl sind mir die anderen SängerInnen unbekannt. Insgesamt musizieren und singen alle mit harmonisch abgestimmten Timbres und hörbarer Freude, so dass ein wohlklingender Eindruck entsteht und auch durchgehalten wird. Die leichten Sprachschwierigkeiten der Königin der Nacht wirken charmant und stören nicht!

Meine Gesamtnote: Gut

Die Note 'Sehr gut' versteckt sich hinter der Kritik an dem manchmal doch überladen erscheinenden Bühnenbild, das vor allem Papageno teilweise quasi 'unsichtbar' macht. Das Puppenspiel verlangt klare, eindeutige und daher schlichte Bühnenbilder, die die agierenden Puppen optisch unterstützen und nicht "erschlagen".

Im Konzertangebot der Berliner Philharmoniker unter Sir Simon Rattle fand ich eine konzertante Aufführung der „Zauberflöten-Inszenierung", die im April 2013 zum Höhepunkt der ersten Osterfestspiele in Baden-Baden wurde. Nach Abschluss des Festivals präsentierten Musiker und Ensemble ihre „Zauberflöte" in ihrer Berliner Heimstätte in einer konzertanten Form Vor allem die SängerInnen begeisterten mit ihren wundervollen Stimmen in einer absoluten Spitzenqualität und immenser Spielfreudigkeit.

Chor, Orchester und Sir Simon Rattle erwiesen sich als ausgesprochen exzellente Mozart-Interpreten. Mozart hätte seine Freude gehabt.

Sarastro: Dimitry Washchenko
Königin der Nacht: Ana Durlovsky
Tamino: Pavol Breslik, Pamina: Kate Royal
Papageno: Mkichael Nagy Monostatos: James Elliot
Dirigent: Sir Simon Rarrle

Kommentar:
Erstaunlich, faszinierend und begeisternd brachten alle Mitwirkenden die ganze Transparenz, die vielfältigen Klangfarben und die Dramatik der Musik ohne Kulissen, Versatzstücke oder Kostüme (keine Prospekte und Maschinen), mit ganz wenigen Requisiten zur Geltung! Verblüffend war, dass die Akteure in Smoking, Anzug und schlichter Abendgarderobe die ewige Modernität der Zauber-Oper unterstrichen. Der erste Auftritt der drei Damen z.B. geriet zum Augen- und Ohrenschmaus, so sehr, dass man Tamino beglückwünschen konnte, dass er sich in eine gnädige Ohnmacht ‚gerettet' hatte. (Sir Peter Ustinov)

Und in jedem Augenblick des Geschehens blieb Mozarts letztes Bühnenwerk das, was es seit dem 30. Dezember 1791 immer gewesen war: ein Singspiel, eine Zauberposse, ein

Stück Volkstheater, Mysterienspiel, ein belehrendes Märchen über Menschlichkeit und Liebe über die Standesgrenzen hinaus. Diese Aspekte vermittelten die Sänger-SchauspielerInnen durch ihre Mimik und Gestik aussagekräftig und glaubhaft. Hier waren Prospekte und Maschinen völlig unnötig. In ihrem Duett *„Bei Männern, welche Liebe fühlen ... Frau und Mann reichen an die Gottheit ran!"* verdeutlichten Pamina und Papageno die keimende Liebe, die aber noch nicht sein darf, noch ist die Zeit nicht reif, die Standesunterschiede zu vergessen – sie merken es rechtzeitig und kehren – wie aus einem schönen Traum erwachend - in die Gegenwart zurück.

Losgelöst von allem Brimborium ist diese Aufführung hörens- und besonders sehenswert, ein musikalischer Edelstein! Die Ungereimtheiten des Operntextes spielen überhaupt keine Rolle mehr.

Richard Wagner erkannte: **Denn was „baute Mozart auf dieser wunderlich abenteuerlichen Basis auf! Welcher göttlicher Zauber weht vom populärsten Liede bis zum erhabensten Hymnus in diesem Werke! Welche Vielseitigkeit, welche Mannigfaltigkeit! Welche ungezwungene und zugleich edle Popularität in jeder Melodie, von der einfachsten bis zur gewaltigsten."**

Meine Gesamtnote: Sehr gut***

"Ich bin immer in meinem schönsten Humor,
mir ist so federleicht ums Herz ..."

"Im Lichte ihres kulturgeschichtlichen, das heißt frei-
maurerischen und theatergeschichtlichen Kontexts bleibt
die Zauberflöte ein einzigartiges und als solches rätsel-
haftes Werk, das in seiner Komplexität weder Vorgänger
noch Nachfolger hat."[114]

Für die Unterstützung und Mitarbeit an diesem Buch
danke ich herzlich
meiner Frau Christel, Herrn Dr. Jörn Hildebrandt (Schule des Schreibens) und meinem Enkel Jens für Korrektu-
ren, Rat- und Vorschläge, Diskussionen, Hinweise, Buch-
empfehlungen und Ergänzungen.

---

114 Jan Assmann 'Die Zauberflöte – Eine Oper mit zwei Gesichtern', Picus
      Verlag Wien, 2015, Seite 101

Mozarts Musik

LITERATUR

1. „ZWISCHEN HIMMEL UND ERDE"
   Mozarts geistliche Musik
   Katalog mit Audio-CD – 31. Sonderschau des
   Dommuseums zu Salzburg 2006
   Carus-Verlag- Stuttgart – ISBN 3-89948-074-0

2. Heinz Gärtner: „Mozart und der 'liebe Gott'"
   Verlag Langen/Müller 1997, ISBN 3-7844-2668-9

3. Hanspeter Oschwald: „Auf der Flucht vor dem Kaplan"
   Juli 2011, Piper Verlag, GmbH, München
   ISBN 978-3-492-26470-9

4. Hubertus Halbfas: „Glaubens-Verlust", Warum sich das
   Christentum neu erfinden muss
   2011, Patmos-Verlag, ISBN 978-3-8436-0100-9

5. Joachim Herten und Klaus Röhring (HG)
   „Wie hast Du's mit der Religion?" W.A.Mozart und die
   Theologie
   2009 Echter Verlag Gmbh Würzburg,
   ISBN 978-3-429-03102-2

6. MOZART HANDBUCH, Silke Leopold (Hg), 2005
   Bärenreiter/Metzler, ISBN 3-7618-2021-6 (Bärenreiter)

7. Peter Bichsel „Möchten Sie Mozart gewesen sein?", 2006
   Radius-Verlag GmbH Stuttgart, ISBN 3-87173-355-5

8. Karl Barth „Wolfgang Amadeus Mozart"
   1956, Theologischer Verlag Zürich, 15. Auflage
   ISBN 13: 978-3-290-11394-0

9. Erich Valentin „LÜBBES MOZART LEXIKON"
   Gustav Lübbe Verlag 1983, ISBN 3-7857-0361-9

10. RECLAMS MUSIKFÜHRER
Arnold Werner Jensen: „Wolfgang Amadeus Mozart"
1989 Philipp Reclam jun. GmbH & Co, Stuttgart
Band 1: Instrumentalmusik, ISBN 3-15-010359-2
Band 2: Vokalmusik,   ISBN 3-15-010360-6

11. Franz Xaver Niemetschek: „Ich kannte Mozart"
2005 by Langen/Müller, ISBN 3-7844-3017-1

12. Wolfgang Amadeus Mozart - „Briefe"
Henschel-Verlag, Berlin, 1989 ISBN 3-362-00049-5

13. Wolfgang Amadeus Mozart: „Das Zauberreich meines
Lebens"
Heliopolis-Verlag, Tübingen, Hrsg: Dr. Hans Walter Bähr

14. Volkmar Braunbehrens, Karl-Heinz Jürgens
„MOZART" - Lebensbilder
Gustav Lübbe Verlag GmbH, Bergisch-Gladbach
ISBN 3-7857-0580-8

15. Karlheinz Deschner: „Das Kreuz mit der Kirche"
Eine Sexualgeschichte des Christentums
Edition Enfer im Rhenania Buchversand GmbH, 2011
ISBN 978-3-9811483-9-8

16. Richard Dawkins: „DER GOTTESWAHN"
2007, Ullstein Buchverlage GmbH Berlin
ISBN 978-3-550-08688-5

17. Wolfgang Hildesheimer: „Mozart"
suhrkamp taschenbuch 598, erste Auflage 1980
9 – 88 87

18. Ulrich Konrad: „Wolfgang Amadé Mozart"
2006, Bärenreiter-Verlag GmbH & Co, Kassel
ISBN 3-7618-1821-1

19. Deutsche Grammophon, DVD 00440 073 4240
MOZART
GROSSE MESSE C-MOLL - KV 427
Ave verum corpus – Exultate jubilate
Auger – von Stade – Lopardo – Hauptmann
Chor und Symphonieorchester
des Bayrischen Rundfunks
LEONARD BERNSTEIN aufgenommen in der Barock-
Basilika Waldsassen, April 1990

20. Deutsche Grammophon, CD – Stereo 431 791 – 2
Konzertmitschnitt, vgl. Nr. 19

21. Dieter Borchmeyer: "Mozart oder Die Entdeckung der
Liebe", Insel-Verlag, Frankfurt/Main und Leipzig,
ISBN 3-458-17267-X

22. Laurenz Lütteken: "MOZART" – Verlag, C.H.Beck,
München 2017,
ISBN 978 3 406 71171 8

23. Dorothea Leonhart: *"Mozart"*, eine Biographie,
Diogenes Verlag AG Zürich, 2004,
ISBN 3 257 06499 3

24, WOLFGANG AMADEUS SUMMA SUMMARUM
Das Phänomen Mozart: Leben, Werk, Wirkung
Hrsg; Peter Csobádi
Paul Neff Verlag, Wien, ISBN 3-7014-0300- 7

25. **"Über Mozart"**, Von Musikern, Dichtern und Liebhabern,
Eine Anthologie, Hrsg: Ditirch Klose
Philipp Reclam jun. Stuttgart, ISBN 3-15-008682-5(kart)

26. Jan Assmann: *"Die Zauberflöte"*
Eine Oper mit zwei Gesichtern
Wiener Vorlesungen – Picus Verlag Wien,
ISBN 978-3-85452-579-0

27. MOZART … dieser zauberhafte Name
     Eine Lesebuch der Raritäten,
     Hrsg: Jost Perfahl,
     2010 Langen-Müller
     ISBN 978-3-7844-3233.5

28   Stefan Siegert
     Mozart – Die Bilderbiografie
     2001 Alexander Fest Verlag Berlin
     3-8286-0151-0

29   Anton NEUMAYR
     MUSIK & MEDIZIN
     am Beispiel der Wiener Klassik
     ISBN 3-85058-007-5
     3. Auflage 1989 - Wien

30   Mozart
     EXPERIMENT AUFKLÄRUNG
     Im Wien des ausgehenden 18. Jahrhundert
     Hatje Cantz Verlag, Ostfildern, Deutschland
     ISBN 978-3-7757-1689-5

31   Guy Wagner
     Bruder Mozart
     Freimaurer im Wien
     des 18. Jahrhundert
     1996 by Amalthea
     ISBN 3-85002-377-x

32   EDITION BREITKOPF Nr. 208
     MOZART – Die Zauberflöte
     Klavierauszug mit Text (Soldan)
     C.F.Peters Frankfurt . London . New York

33. "MOZARTs Bäsle-Briefe"
    dtv/Bärenreiter, Dezember 1978
    ISBN 3-7618-4323-2 (Bärenreiter(

34. **Pschyrembel**
    Klinisches Wörterbuch
    260. neubearbeitete Auflage
    Walter de Gruyter, Berlin . NewYork
    ISBN 3-11-017621-1

35. **DUDEN**
    Die deutsche Rechtschreibung
    27. Auflage
    DUDEN-Verlag Berlin
    ISBN 978-3-411-04017-9

36. Joachim Kaiser
    MEIN NAME IST SARASTRO
    Piper Verlag, München, 1984
    ISBN 3-492-02818-7

37. Hanskarl Kölsch
    Wolfgang Amdeus Mozart
    Die Rätsel seiner Zauberflöte
    2009 BoD GmbH Norderstedt
    ISBN 978-3-8391-1538-1

38. hrsg. Vom Rhein
    111 Schlüsselwerke der Musik
    Merkur – Bonn : Bouvier, 1990
    ISBN 3 – 416 – 02240 - 8

39. Volkmar Braunbehrens
    SALIERI – Ein Musiker im Schatten Mozarts
    SP 8322 Serie Musik PIPER-SCHOTT
    ISBN 3-492-18322-0 (Piper)
    ISBN 3-7957-8322-4 (Schott)

George Bernard SHAW lässt seinen in voller Jugend ster-
benden Maler Louis Dubeat in "Arzt am Scheideweg
1906 sprechen:

"Ich glaube an die Macht der Melodie, an das Mysterium
der Harmonie, an die Gewalt des Rhythmus.
Ich glaube an Palestrina, Mozart, Beethoven und Schubert, an die Erlösung von allen Übeln durch die ewige
Schönheit, an die Macht der Musik und an die Sendung
der Kunst."

Das eigentliche Schlusswort müsste Mozart selbst sprechen – wie das wohl lautet?

Vgl. Seite 29